O *Compliance* na Administração Tributária: Um Instrumento de Viabilização e Maximização na Captação do Crédito Tributário

Luciano de Almeida Pereira
Mestre e doutor em Direito Tributário pela PUC/SP,
pós-doutor em Direito Financeiro e Tributário pela
Universidade do Estado do Rio de Janeiro – UERJ.

O *Compliance* na Administração Tributária: Um Instrumento de Viabilização e Maximização na Captação do Crédito Tributário

Prefácio
Luís Cesar Souza de Queiroz

G|Z
EDITORA

Rio de Janeiro
2023

1ª edição – 2023

Diagramação: *Olga Martins*

CIP-BRASIL. CATALOGAÇÃO NA PUBLICAÇÃO
SINDICATO NACIONAL DOS EDITORES DE LIVROS, RJ

P492c

Pereira, Luciano de Almeida
O compliance na administração tributária: um instrumento de viabilização e maximização na captação do crédito tributário / Luciano de Almeida Pereira. - 1. ed. - Rio de Janeiro: GZ, 2023.
215p.; 24cm.

Inclui índice
ISBN 978-65-5813-060-4

1. Direito tributário - Brasil. 2. Administração e processo tributário - Brasil. 3. Programas de compliance. 4. Governança corporativa. I. Título.

23-82192 CDU: 34:351.713(81)

Meri Gleice Rodrigues de Souza - Bibliotecária - CRB-7/6439

27/01/2023 31/01/2023

GZ EDITORA

e-mail: contato@editoragz.com.br
www.editoragz.com.br

Estrada do Capuava, nº 1325 - Box Q - CEP 06715-410
Bairro Barro Branco - Município de Cotia - SP
Tel.: (0XX21) 99585-0737 / 99755-0737

Impresso no Brasil
Printed in Brazil

Dedico este trabalho àqueles que partiram e deixaram saudades. Muitas saudades.

Ao meu avô materno Rubens Dias de Oliveira;

Minha avó materna Maria Tereza de Oliveira;

Meu avô paterno Luiz de Mattos Pereira;

Minha avó paterna Maria de Lourdes de Almeida Pereira;

Tia Maria de Lourdes Almeida Pereira;

Tio Marcos Pereira do Rosário;

Sr. Júlio dos Santos Botelho;

Ao meu Sensei Takashi Shigeeda, que muito me ensinou sobre a vida;

Ao Doutor Luiz Flávio Prado de Lima, que me ensinou a advogar;

e Ao meu eterno Nick. Anjo de quatro patas.

Que Deus abençoe e guarde a cada um de vocês, onde vocês estiverem!

AGRADECIMENTO

O agradecimento é a dinamização da gratidão. Em letras frias, é o reconhecimento de um indivíduo por alguém que lhe prestara um auxílio, que lhe fizera um favor e doravante.

Somos seres ímpares com reflexões, concepções, impressões, sabores, conclusões diferentes. Daí porque, então, o sentimento de gratidão inexoravelmente há de mudar de um sujeito para outro.

Para mim, traduz o reconhecimento pelo inapelável apoio. Aquele incentivo que lhe propulsionara quando tudo parecia incolor, nos momentos em que os problemas parecem carregar os mais custosos e fatigantes fardos.

Nessa senda, não posso deixar de externar meus mais sinceros agradecimentos a pessoas indispensáveis no meu perlustrar acadêmico, profissional e, sobretudo, de vida.

Agradeço primeiramente à Deus, inteligência suprema, causa primária de todas as coisas. Grande arquiteto do Universo. Sem Ele, nada seria possível.

Aos meus pais, pela vida. Vida que me deram e parte de suas próprias que, invariavelmente, suprimem em meu favor.

Aos meus tios, primos e minha irmã Juliana, pelo convívio!

À tia Marly Rodrigues Moraes Leal, que sempre vibra com minhas vitórias acadêmicas. Muito obrigado, tia, isso é muito importante para mim!

Agradeço, igualmente, aos meus alunos e amigos de docência, pela valorosa troca.

Ao insigne Professor Luís Cesar Souza de Queiroz, meu orientador no Pós doutoramento na Universidade do Estado do Rio de Janeiro – UERJ, por tanta gentileza, generosidade e, sobretudo, pelas oportunidades que me dera. Como dissera Leonard Thiessen, "A simplicidade é o último grau de sofisticação." É por isso que assevero, Professor, és sofisticado no mais elevado grau.

Aos meus amigos desde a meninice até os dias correntes, por tudo.

À Camila Cristina Vieira, amor da minha vida, simplesmente por existir!

Ao Raulzinho, nosso Liro, por indizíveis motivos. São muitos!

E, por derradeiro, aos peludinhos Fred, Sophia, Tibúrcia e José Bruno.

A todos, muito obrigado!

PREFÁCIO

Foi com grande prazer que recebi o convite para prefaciar o presente livro de autoria do professor Luciano de Almeida Pereira, intitulado "O *compliance* na Administração Tributária: um instrumento de viabilização e maximização na captação do crédito tributário". Trata-se de obra de indubitável importância, à medida que envolve o tema atinente ao modo pelo qual deve ser desenvolvida a relação entre o Fisco e o contribuinte, a fim de que os valores de justiça e segurança sejam alcançados. A par da relevância, apresenta-se como um dos temas que, atualmente, mais ocupa a atenção de estudiosos nacionais e internacionais.

Encontrei Luciano, pela primeira vez, no ano de 2002, quando proferi uma aula expositiva no auditório da Faculdade de Direito da Universidade de São Paulo - USP. À época Luciano realizava sua extensão em direito tributário. Cerca de dezoito anos depois, em meados de 2020, fui procurado por ele, com o propósito de orientá-lo em seu pós-doutoramento junto à Universidade do Estado do Rio de janeiro – UERJ. Apesar de estarmos no meio de uma pandemia, quando as preocupações mais básicas ocupavam a vida de todos, Luciano não se descurou de seu permanente desejo de aperfeiçoamento acadêmico-profissional. Imbuído de muita fé e esperança em dias melhores, iniciou seus estudos e pesquisas, que vieram a ser concluídos com galhardia no ano de 2022. O trabalho que agora se publica foi fruto imediato desse fértil período de dedicação ao pós-doutoramento na UERJ.

Este livro desenvolve ideias que vão além do que sugere o título obra. No contexto dos debates acerca da reforma tributária no Brasil e das permanentes reflexões no mundo sobre o alcançamento de um modelo de tributação ideal, Luciano chama a atenção para a relevância de uma relação *Estado fiscal-contribuinte* fundada na ética, a qual permita que se supere uma situação esquizofrênica e permanente de luta, que coloca em lados opostos, como ferrenhos inimigos, os caricatos personagens do "Estado Fiscal voraz e desmedido arrecadador" e do "contribuinte inescrupuloso e sonegador".

É fundamental não olvidar que o Estado é uma criação humana, que se revela como forma culturalmente (e juridicamente) construída de a sociedade se organizar para, democraticamente, atingir os valores mais elevados: justiça, segurança, liberdade, igualdade, paz, bem comum, dignidade, fraternidade, solidariedade, tolerância e responsabilidade. Os tributos são meio, não um fim em si mesmos. A instituição e arrecadação de tributos objetivam conseguir os meios financeiros para viabilizar a implementação de medidas consonantes com a efetiva realização dos referidos valores.

Racionalmente, não é sequer razoável cogitar de uma oposição entre a sociedade-contribuinte e a sociedade-Estado Fiscal, pois isso revela a inadmissível oposição entre interesses de uma mesma pessoa: a sociedade. O processo axiológico-racional deve ser outro. A sociedade decide os valores que devem ser implementados. Essa implementação tem custos para o Estado. A principal forma de custear essa implementação é por meio de tributos. O produto da arrecadação tributária somente se justifica se estiver integralmente voltado para a implementação desses valores. Racionalmente, não há oposição entre a sociedade-contribuinte e a sociedade-Estado Fiscal, mas sim a adoção de um modo de vida valorativamente enriquecido. As preocupações atinentes ao *compliance* vêm ao encontro do atingimento desse modo de vida axiológico-racionalmente enriquecido.

O trabalho desenvolvido encontra-se dividido em seis capítulos. No primeiro, são estabelecidas algumas premissas fundamentais que revelam a maneira de pensar do autor e informam ao leitor quais são os pontos de partida adotados na construção do discurso, especialmente no que tange à teoria hermenêutica, que indica seu posicionamento acerca da interpretação jurídica.

No segundo, discorre sobre o que denomina de formação e captação do crédito tributário, com a abordagem da matéria relativa ao fato gerador, lançamento e crédito tributário. Esse tema se conecta ao que foi tratado no terceiro capítulo, onde avalia a questão da captação do tributo como instrumento para o alcançamento dos direitos fundamentais. Destaca-se a sua ideia de conceber a aplicação do que se arrecada a título de tributo como meio de consecução da dignidade da pessoa humana.

A terceira parte, que assenta algumas noções nucleares referentes à Administração tributária, serve de preparo para a quarta parte, na qual o tema do *compliance* ocupa papel central. Neste ponto, a partir da análise da matéria afeta à governança corporativa, realiza o aprofundamento de diferentes questões concernentes ao *compliance*. Finaliza seu trabalho com a abordagem de experiências nacionais e internacionais com o *compliance* na administração tributária, o que revela a atualidade e a internacionalização dessa matéria.

Enfim, cumprimento o professor Luciano de Almeida Pereira pela nobre decisão de envidar seus esforços no enfrentamento de tema de enorme relevância e, especialmente, pela admirável força de vontade demonstrada ao realizar seus estudos e pesquisas em momento em que a preocupação imediata, e por vezes exclusiva, era a de sobreviver a uma terrível pandemia. Cumprimento a Editora GZ pela publicação da referida obra, que por certo contribuirá para a construção de um sistema tributário mais justo, seguro e eficiente, bem como para implementação de uma relação entre a sociedade-contribuinte e a sociedade-Estado Fiscal mais tolerante e responsável.

Rio de Janeiro, 14 de fevereiro de 2023.

Luís Cesar Souza de Queiroz

ÍNDICE SISTEMÁTICO

Capítulo 4

Administração tributária. Traços panorâmicos

Capítulo 5

Do *compliance* como instrumento de viabilização de capitação e aplicabilidade dos recursos tributários

INTRODUÇÃO

A (IN)EFETIVIDADE DA COBRANÇA DO CRÉDITO TRIBUTÁRIO, A IMPORTÂNCIA DO *COMPLIANCE* COMO INSTRUMENTO DE POLÍTICA FISCAL E SUA APLICABILIDADE NA ADMINISTRAÇÃO TRIBUTÁRIA

Anseios e divagações acerca da reforma tributária se espraiam pela sociedade, tal qual fosse esta a solução verdadeira e definitiva dos problemas enfrentados na seara fiscal. Com efeito, *pari passu* à tal expectativa, latente é a ciência de que não trazidos à sirga os verdadeiros problemas, não forem enfrentadas as questões nucleares, ter-se-á um esforço debalde, redundando, inexoravelmente, no fenômeno que Marcelo Neves denominara de "legislação álibi"[1].

A mudança há de ser substancial de modo que a junção atabalhoada de tributos e hipóteses de incidência, a mera alteração de alíquota ou inserção e/ou deslocamento do princípio da não cumulatividade de um tributo para outro não se mostra capaz de trazer uma solução, ainda que parcial, para a problemática constante do cenário atual.

Trará, quanto muito, confusão e intensificação da sensação de insegurança jurídica que já assola o Estado e seus utentes.

Não se tem, de fato, uma reforma tributária, seja porque aloca-se, ainda, no campo da proposta (hipótese, portanto), seja porquanto cuida de circunstâncias pontuais. Cediço é, pois, que as questões timidamente levantadas na indigitada propositura não se fazem suficiente para congregar, tampouco amenizar animosidades instaladas entre o Estado e o contribuinte.

É sabido que o método burocrático, lento e custoso, quiçá, arcaico, de cobrança do crédito tributário garante ao Brasil o título de um dos mais complexos sistemas tributários do mundo.

Com a vênia que se faz mister, somos da opinião de que uma reforma tributária, que garanta minimamente a segurança jurídica, só se mostra possível se vindoura de uma reforma ampla do Texto Excelso, o que reclamaria um Poder Constituinte Originário com consequente ponência de nova Lei Suprema, o que se mostra, hoje, absolutamente temerário, pensamos.

1 NEVES, Marcelo. *A constitucionalização simbólica*. São Paulo: WMF Martins Fontes, 2.007.

O tributo, como cediço, exibe caráter de direito fundamental, porquanto tenha na sua função fiscal, a missão de levar dinheiro aos cofres públicos com o fito de viabilizar os direitos individuais encartados na Constituição Federal.

Daí porque alterar partes do Texto Constitucional é, apenas, trocar a roupagem do que já existe; é garantir a perpetuação de um problema antigo, doravante, com outra embalagem.

A guisa de breve esclarecimento, na proposta de reforma tributária há pouco apresentada, os proponentes asseveram corrigir os problemas fiscais em fases. Lançam mão, para isso, dos princípios da *(i) simplificação e menos custo; (ii) da segurança jurídica; (iii) da transparência; (iv) da maior equidade e fim de privilégios; (v) da manutenção da carga tributária global; (vi) do combate à evasão e à sonegação; (vii) da neutralidade nas decisões econômicas;* e *(viii) do mais investimento e mais emprego.*

Na chamada "primeira fase", é proposta a introdução de um imposto nos moldes do denominado **Imposto sobre Valor Agregado – IVA.**

A justificativa para que se inicie a reforma pelo indigitado tributo, parte do argumento de que haverá, de pronto, a redução de complexidade da legislação tributária; de que, no sistema atual, cada produto gera uma nova dúvida relativamente à sua situação fiscal; de que no atual sistema é deveras dificultosa a identificação de que é insumo; de que com a cumulatividade, o contribuinte não sabe, de fato, quanto paga a título de tributo e de que há grande disputa nos tribunais administrativos, mormente no Conselho Administrativo de Recursos Fiscais – CARF relativamente ao PIS/Cofins, afora as questões judiciais, em especial no Superior Tribunal de Justiça – STJ atinente ao tributo em comento.

A ideia da adoção de um *Imposto sobre Valor Agregado – IVA* é, como sabido, a substituição e unificação dos impostos cobrados ao consumidor em um único imposto.

A exemplo do que fora dito linhas acima, o que se pretende com a implementação deste imposto é dar, efetivamente, transparência no processo de tributação dos produtos e serviços, além de facilitar todo o processo de tributação.

A ideia de Imposto sobre Valor Agregado – IVA, sabemos, não é brasileira, ao contrário, é antiga. O referido tributo fora implementado, há muitos anos, pelo bloco da União Europeia em razão da facilidade da aplicação e recolha entre países.

Em Portugal, por exemplo, é conhecido como Imposto sobre o Valor Acrescentado, sob a mesma sigla IVA. Não que entenda como inadequado para nosso Estado, mas havemos de considerar que as condições, de toda estola, entre o Brasil e tais países são abissalmente diversas.

Um segundo passo, ainda dentro da primeira fase, conta com a criação da **Contribuição sobre a Receita decorrente de Operações com Bens e Serviços - CBS**. Tem o fito de possibilitar que cada empresa arque com o crédito tributário, apenas, sobre o valor que agrega ao produto ou serviço; assevera contar com maior transparência por ser incidente sobre a receita bruta e não mais sobre todas as receitas e, principalmente, se diz alinhada com os IVA's de outros países, contando com uma alíquota de 12% (doze por cento).

A transparência e simplificação bradada no projeto de reforma tributária, nos parece inatingíveis nos moldes por esta propostos. Quadra observar, entretanto, que, de maneira geral, notório fora um aumento na alíquota para 12% (doze por cento) de modo que, com raras exceções, as empresas passam a ter "créditos" sobre custos, despesas e investimentos.

É verdade que alguns setores, como o transporte de passageiros, são mantidos com isenção. Entretanto, isso impede créditos sobre custos com aquisições junto a terceiros.

Desta feita, investimentos no setor de transporte serão proporcionalmente mais onerosos se comparados a outros segmentos. Logo a questão poderá ser vantajosa, ou não. Há de se verificar caso-a-caso. Longe está, portanto, qualquer solução de qualquer ordem.

Apesar da negativa dos proponentes, parece, sim, uma simples reforma ou modificação no sistema de tributação do PIS/Cofins.

Em razão disto, acentuamos a impressão vestibularmente trazida de que não é a efetivação de uma reforma tributária, especialmente se feita sobre questões pontuais, como anseia o projeto trazido à baila, o espeque para a solução ou abrandamento das questões vindouras das relações fiscais havidas entre Estado e contribuinte.

A falta de simplicidade do sistema tributário que fomenta, por consequência, o alto volume de inadimplência, encontra guarida em questões, talvez, de mais fácil solução.

Uma reforma tributária seria, de fato, de vitanda importância. Com efeito, como algures dissemos, entendemos de difícil concretização já que, ante seu caráter fundamental e social, o tributo e suas consequências estão espraiados pelo Texto Magno.

Nos parece, pois, que a nota do dia se encontra na legislação tributária, em primeiro lugar. Há de se buscar novel forma de cumprimento da legislação tributária com a disponibilização de meios mais simplificados de recolhimento do tributo, instrumentos legislativos que tornem mais viáveis e factíveis o cumprimento da obrigação tributária por parte do contribuinte.

De outra mão, o Estado, que há de se valer do tributo, modalidade de receita derivada que é, deve contar, também, com modelos de fiscalização e regime de imposição de multas mais modernos e eficientes.

Imbuídos neste ideal, notara-se na 51ª Assembleia Geral do Centro Interamericano de *Administraciones Tributarias* – CIAT, havida no Paraguai, que os Estados de uma maneira geral, têm exibido preocupações várias não só com a reforma das suas legislações tributárias, mas especialmente, com a transparência e efetividade na solução de conflitos fiscais.

Tem-se entendido que o método mais adequado e eficiente, hoje, é a implementação de um programa de *compliance* que, de se notar, não é utilizável, apenas, pela iniciativa privada, mas, de igual sorte, pelo Poder Público.

Importa destacar, nesse diapasão, que o programa de *compliance* é uma das pilastras que sustenta a Governança Corporativa, de modo que imperioso frisar que dessa diflui.

Aprioristicamente, a Governança Corporativa se pautava em dois valores, até hoje, de grande importância para seu *modus operandi*: (i) *fairness*[2] e (ii) *compliance*[3-4].

Com a marcha temporal, completando o denominado "Ativismo de Monks"[5], surgiram mais dois elementos axiomáticos que, em razão da sua importância, assumiram importante papel para formação da moderna Governança Corporativa. Trata-se do nominado "Relatório Cadbury".

O Relatório Cadbury exibira acentuada preocupação com dois outros valores que, embora diversos, notemos, complementam aquel'outros constantes do Ativismos de Monks. São eles: (i) *accontability*[6] e (ii) *disclosure*[7].

Por derradeiro, destacam-se os princípios trazidos pela OCDE (*Organization for Economic Cooperation and Development*). Propugnaram estes, no sentido de que a Governança Corporativa nas corporações atrairia mais investidores porquanto as tornasse mais confiáveis.

Isso porque reduziria o custo de captação de recursos e por isso propulsionaria a Economia local e, também, do país.

---

2 Senso de justiça.

3 Conformidade legal, em especial no que toca aos direitos dos minoritários passivos.

4 As questões referentes ao *compliance* serão tratadas com mais vagar em tópico destinado exclusivamente para tal assunto.

5 Principal modelo da Governança Corporativa hodierna.

6 Prestação responsável de contas.

7 Transparência.

Resta salientar que a Governança Corporativa e seus postulados não é um instrumento de condução adstrito às empresas. É, de igual sorte, aplicável à Administração Pública.

Nessa toada, aplicada à Administração Pública, a Governança Corporativa se mostra importante e eficiente instrumento para economia interna já que, em razão dos pálios que lhes sustenta, bem como pela forma de condução que lhe é inata, há de atrair interesse financeiro de Estados outros porquanto, repisemos, não é um privilégio somente da iniciativa privada. E se assim, forçoso admitir que a implementação de um programa de *compliance* na esfera pública traria, também, insofismável contribuição.

Isso porque, afora a transparência e consecutiva prevenção de condutas delituosas, o programa de *compliance*, se mostra importante instrumento de desburocratização, perseguindo, pois, a tão pretendida simplificação do sistema tributário.

Consoante números divulgados pela Procuradoria Geral da Fazenda Nacional - PGFN, o valor da dívida ativa concernente à União Federal alcança a monta de R$ 2,2 trilhões de Reais, de modo que, segundo o referido órgão, 44,8% (quarenta e quatro ponto oito por cento) são irrecuperáveis.

A lista dos chamados "grandes devedores", conta com 28 (vinte e oito) mil contribuintes, perfazendo 62% (sessenta e dois por cento) do total dos devedores.

Esforços fazendários não faltam para cobrar tamanha monta. A Lei nº nº 6.830/1.980, todavia, mostra-se tanto quanto defasada de modo que, por assim, não se mostra capaz de entregar à sociedade com a devida celeridade e eficiência, o sobrelevado valor que, uma vez inobservado, ataca frontalmente o financiamento e consecução da tutela estatal prometida no Texto Constitucional.

Não há de se olvidar, de igual feita, que não obstante ao valor devidamente inscrito em dívida ativa, um volume pecuniário incalculável deixa de ingressar ao Erário, porquanto, em que pese a efetivação de conduta desenhada no antecedente normativo como hipótese de incidência das mais variadas espécies de tributo, esbarra, o contribuinte, na burocracia, na alta carga tributária dentre outros problemas ínsitos ao sistema tributário pátrio alhures frisados.

O descompasso do sistema fiscal brasileiro para com a realidade hoje apresentada, encoraja, inclusive, as indesejadas práticas delituosas, como a evasão fiscal, por exemplo.

Mais uma vez, vislumbra-se no programa de *compliance* um caminho, ainda que inicial a ser perlustrado, para solução de problemas deste jaez.

Inócuo cobrar celeridade no julgamento de ações que dia-a-dia encalham o Poder Judiciário, se não houver um instrumento que busque efetividade da cobrança do crédito tributário e que, concomitantemente, viabilize a observância das obrigações tributárias por parte dos contribuintes.

Nesse sentido, pois, nos propusemos a pesquisar e trazer diminuta contribuição para tão grande problemática.

CAPÍTULO 1

Estabelecendo premissas. Breves traços hermenêuticos

Urge alvitrar, de início, que todo trabalho de índole científica reclama estabelecimento de premissas. É, pois, sobre estas pilastras que um raciocínio há de se desenvolver para encontrar robustez e aplicabilidade.

Importa notar, nesse particular, que ao se eleger as prefaladas ideias propedêuticas, inapelavelmente o ser cognoscente efetua um corte metodológico e delimita seu objeto de estudo. E isso é de vitanda importância, porquanto nenhum objeto possa ser visto na sua inteireza.

O ser cognoscente, então, escolhe um dos possíveis prismas para observar o objeto que pretende estudar e, a partir de então, construir suas conclusões.

Com efeito, o aparte desse campo de observação linhas acima sublinhado, não se mostra suficiente. Deve ser, este, promovido por adequado instrumental, de modo que, assente nisso, ter-se-á, com síncrono, notemos, não só o espeque de atenção, mas, de igual sorte, as ferramentas científicas a serem utilizadas.

Neste átimo, emerge o caminho hermenêutico que o sujeito pretende perlustrar. Nota-se, então, uma relação de codependência entre ângulo de observação e o instrumental científico. Um existe na medida em que o outro também existe. Apartadamente dados, não têm proficuidade, ou, caso tenham, em grau absolutamente diminuto.

À guisa de assentamento, apenas, mister se faz lembrar que o signo "hermenêutica", vindouro do grego *hermēneuein*, encerra a ideia de *declarar, anunciar, interpretar, esclarecer* e, como habitualmente propalado, *traduzir*.

Por outro giro, a concepção que se faz acerca da hermenêutica, indica equipagem apta a tornar algo compreensível, levar algo à compreensão.

Como sabido e consabido, a dição em comento descende do nome de "Hermes", deus da mitologia grega que detinha a qualidade de mensageiro dos deuses, o que fazia com que os gregos atribuíssem a este a origem da linguagem, bem como da escrita.

Dito de outra maneira, a locução exprimia, vestibularmente, a compreensão e exposição de um enunciado dos deuses, que, dada sua origem, reclamava correta interpretação para se fazer cognoscível pelos mortais.

O que se deve sublinhar, entretanto, é que não se tem, ainda, um conceito unímodo de hermenêutica nas províncias do direito.

Há quem considere a hermenêutica como sinônimo de interpretação e, ao incidi-la no direito, instrumento de exegese da lei.

No tocante ao assunto em relevo, Carlos Maximiliano[1], quando do introito da sua famigerada obra Hermenêutica e Aplicação do Direito, professa que *"A hermenêutica jurídica tem por objeto o estudo e a sistematização dos processos aplicáveis do direito, para determinar o sentido e o alcance das expressões de direito."* (Grifos postos)

Sua explanação afasta a apressada ideia de que a hermenêutica se traduz na interpretação da lei. Vai muito além, pensamos.

Aliás, não a entendemos como ciência. Em absoluto. A hermenêutica, de se observar, não dispõe de postulados próprios, o que lhe translada para fora da estofa científica.

Temo-la como aparato a ser preenchido por uma ciência interpretativa; por um objeto de estudo capaz de, *de per se*, promover o acesso às minudências do que se propõe a estudar.

Atinemos que, ao se referir à hermenêutica, o ser cognoscente acaba por apontar pálios de ciências outras. Vezes percorre o caminho da Semiótica, outras da Teoria dos Valores, da Filosofia em quaisquer de suas vertentes epistemológicas, da Física, da Teoria dos Jogos, enfim, sempre buscando arrimo em uma ciência para, após, chama-la de hermenêutica.

Isso nos faz concluir, então, que a hermenêutica é o resultado do caminho de cognição trilhado por uma ciência, de modo que, esta, sim, traduz, desvenda as nuances do objeto de seu labor científico.

Sobre o assunto, esclarece Luís Cesar Souza de Queiroz, com a precisão que lhe é ínsita, pontos de vitanda importância.

Citando *Anicius Manlius Torquatus Severinus Boethius*[23], de início, destaca que a interpretação *"... é qualquer expressão que significa alguma coisa por si mesma, com inclusão dos substantivos, dos verbos, e das proposições, e com a exclusão das conjunções, das preposições e em geral dos termos gramaticais, que, via de regra, nada significam de per si."*[4] (Grifos postos)

1 MAXIMILIANO, Carlos - *Hermenêutica e Aplicação do Direito*, 6ª edição, São Paulo, Editora Freitas Bastos, 1957. P. 13.

2 Anício Mânlio Torquato Severino Boécio.

3 Um dos fundadores da Escolástica, Boécio fora um poeta, filósofo, teólogo e estadista romano, cujas obras foram de determinante e efetiva na filosofia cristã medieval.

4 QUEIROZ, Luís Cesar Souza de – *Interpretação e aplicação tributárias: contribuições da hermenêutica e de Teorias da Argumentação*, GZ Editora, Rio de Janeiro, 2.021, p. 07.

Coadunado com a noção de que a hermenêutica é elemento à espera de preenchimento de significados, Paulo de Barros Carvalho[5] traz o seguinte apontamento:

> *"Espera-se do cientista do direito que escolha as premissas, penetradas, é claro, pelos valores que compuseram sua ideologia, mantendo-se fiel aos pontos de partida, para elaborar um sistema descritivo consistente, dando a conhecer como se aproxima, vê e recolhe o objeto da investigação. Agora, as meditações que tal conhecimento venha a suscitar, em termos de reflexões ulteriores, serão matéria de outras conjecturas, tecidas pelo pensamento humano que não cessa, não se detém, porque a linguagem apta a falar do mundo é inesgotável." (Grifos postos)*

Aceiramos, então, a ideia de que temos na hermenêutica um invólucro linguístico a ser preenchido por uma ciência de predileção do exegeta que, por assim, o possibilita investigar e colher os elementos necessário, à sua pesquisa, do objeto que elegera para investigação.

1.1. A ideia de hermenêutica jurídica no tempo

Conceituar algo, tecer considerações sobre determinado objeto ou coisa é, em verdade, um ato de valoração. É atribuir valor a algo.

Nesse diapasão, importante e diferido trabalho acerca dos "valores" fora desenvolvido, especialmente após o término da Segunda Grande Guerra. Especial atenção rendemos a Johannes Hessen[6] com sua insigne obra *"Filosofia dos valores"*. No Brasil, a dedicação ao apontado tema ficara ao talante de Miguel Reale[7] e Paulo de Barros Carvalho[8] que, em abalizados trabalhos, trouxeram à lume as características dos valores, tornando o labor científico mais aprazível e, sobretudo, compreensível.

Com efeito, nos interessa, neste átimo, atentar à maneira como se forjam os axiomas. É o que faremos doravante.

1.1.1. Da atmosfera semântica

A "atmosfera semântica" se traduz na qualidade e extensão vocabular do ser cognoscente. Dito de outra maneira, se expressa no

---

5 CARVALHO, Paulo de Barros – *Direito Tributário. Linguagem e método*, São Paulo, 5ª edição, Editora Noeses, pp. 156 e 157.

6 HESSEN, Johannes - *Filosofia dos valores*, Coimbra, Editora Almedina.

7 REALE, Miguel - *Introdução à Filosofia*, São Paulo, Editora Saraiva, 3ª edição, 1994.

8 CARVALHO, Paulo de Barros – *Direito Tributário. Linguagem e método*, São Paulo, 5ª edição, Editora Noeses.

quantum de contato que o sujeito mantivera com o vernáculo ao longo do tempo.

Isso, notemos, por si mesmo particulariza sobremaneira o ato valorativo, já que as leituras efetuadas pelo sujeito no correr do tempo o singulariza.

A escolha dos temas, dos autores, do tipo de linguagem de predileção, enfim, tudo corrobora para a forja da atmosfera semântica do sujeito. E isso interfere decididamente no caminho axiomático.

A valoração de um sujeito que cursara apenas os graus iniciáticos da vida estudantil é, quase sempre, deveras diminuto quando comparado ao indivíduo que obtivera a oportunidade de graduar-se na mais alta titulação acadêmica. E, não obstante a isso, a escolha da ciência promove, também, a dita cisão, conforme alhures dito.

Nessa esteira, dois professores catedráticos exibirão convencimentos absolutamente distintos sobre qualquer tema, porquanto partem de bases de conhecimento distintas. Esses sustentáculos científicos, porque os contaminam, imporão conclusões diferentes, por mais que, ao externa-las pareçam iguais. Em sua essência não serão, notemos, já que suas construções encontraram fundamento de validade em motivos e convencimentos *a priori* diferentes. Desta sorte, o posicionamento exarado pode parecer o mesmo, entretanto, por terem percorrido caminhos de formadura diversos, serão necessariamente distintos.

Se assim, indaga-se: *se tiverem o mesmo grau acadêmico no mesmo campo epistemológico e na mesma especialidade? Ter-se-á idêntica valoração?*

Redarguimos. Ainda assim serão diversos porque a quantidade de leitura e escolha das mesmas, sem prejuízo de outros elementos gravitantes a isso, manter-se-ão distintos. Destarte, a formação do valor por esse primeiro elemento de composição, o garante exclusivo.

1.1.2. Da carga empírica

Propedeuticamente, insta salientar que o vocábulo "empírico" define a noção de *"que tem por norma exclusivamente a prática; processos empíricos. rotineiro, desajudado da teoria; que procede sem dedução sistemática nem indução filosófica, mas unicamente com a experiência..."* [9] (Grifos postos)

---

9 Caldas Aulete - Dicionário Contemporâneo da Língua Portuguesa em 5 volumes, Editora Delta, 2ª edição brasileira, novamente revista, atualizada e aumentada pela introdução dos têrmos da tecnologia recente, pelo exaustivo registro dos vo-

No diapasão do símbolo que lhe dá origem, a carga empírica, então, congrega os eventos experimentados pelo sujeito ao longo do tempo. Tem-se, aqui, outro elemento decididamente marcante para a formação axiológica de qualquer dado.

A guisa de exemplo, as impressões de um sujeito que nascera e vivera em situação de patentes privações, serão inapelavelmente diversas das exibidas por daquel'outro nascido e crescido na opulência.

Interessa notar que, até por questões intrínsecas, que, aliás, é assunto da Psicologia e não do Direito propriamente dito, ainda que dois sujeitos sejam criados no mesmo núcleo familiar, sob as mesmas orientações, vivenciando as mesmas experiências e doravante, ter-se-á garantida a diferente forma de valorar qualquer elemento da vida. Sim, porque os elementos psicológicos darão a toada do enfrentamento das situações de maneiras absolutamente diversas.

Não por outro motivo, a carga empírica, não obstante ser mais um elemento de construção axiomática, garante, fazendo coro com a carga empírica, a individualização do valor enquanto componente.

1.1.3. Do contexto histórico

De geral sabença, o marco temporal é determinante para a valoração de qualquer elemento. Isso se opera da mais simples à mais complexa relação havida entre o ser cognoscente e o objeto a ser conhecido.

Tomemos como exemplo o "telefone", seja como signo ou dado bruto. Enquanto vocábulo, ao ser lido na década de 1.960, o sujeito era remetido a um dado objeto, em determinado formato com uma função específica, qual seja, possibilitar a comunicação entre pessoas equidistantes.

Hodiernamente, no entanto, ao ler a mesma palavra, possivelmente o indivíduo remeta sua psique ao conceito de *mobile phone*, até porque muitos nasceram em uma época em que tal palavra (telefone), quando usada, se refere justamente a tal elemento.

E nesse diapasão, o indigitado elemento encerra a ideia de telefone celular que congrega funções várias que, porquanto portátil, possibilita o usuário a efetuar e receber chamadas telefônicas enquanto em movimento, conexão e acesso à Internet, vídeo games, fotografia digital e doravante.

cábulos usados no Brasil e pela extensão dos apêndices por HAMILCAR DE GARCIA, volume II, p. 1.351.

Desta feita, notório que o contexto histórico é determinante para o conceito do elemento em relevo.

Inclinando os olhares para o mundo jurídico, destaquemos a figura do casamento. Em um pretérito não muito distante, a figura do casamento somente era passível de reconhecimento jurídico se havido entre homem e mulher. A marcha temporal, todavia, trouxera mudanças no âmbito jurídico, de modo que nos dias atuais o casamento é juridicamente válido, inclusive, entre pessoas de mesmo sexo.

Notemos, então, como o contexto temporal se posta determinante para o processo valorativo.

1.1.4. Do contexto social

Temos, aqui, mais um indispensável elemento de composição do axioma.

Notório se faz que o contexto social em que o sujeito se encontra inserido é de vitanda importância na construção dos valores por este efetuadas. Afinal, como apontado pelos os mais destacados pensadores ao longo da história da humanidade, somos fruto do nosso meio; resultado do ambiente que fomos e somos submetidos.

Assim, as concepções construídas sobre quaisquer elementos do mundo que circunda o ser cognoscente, são inexoravelmente confeccionadas a partir das referências que os contornara ao longo dos anos.

O conceito de beleza, de lazer, de necessidade primária e doravante, irá variar consoante a forja do contexto social em que o sujeito fora submetido.

O que se nota, ao cabo dessas breves reflexões acerca do caminho de formação do axioma é que a imbricação dos elementos suso salientados, isto é, atmosfera semântica, carga empírica, contextos histórico e social são determinantes e inafastáveis no percorrer da construção do valor.

Malgrado, conforme devidamente sublinhado, cada um dos manifestados elementos de formação dos axiomas, dar-se-ão, e por isso são, de forma individual. Somos seres ímpares, de modo que, por assim, a carga empírica, contextos histórico e social que edificamos, são de mesma sorte sempar e irrepetível.

Forço notar, também, que tais elementos vão se construindo ao longo do tempo, ao longo da vida do ser cognoscente, porquanto, inserto em uma dada sociedade, as relações estabelecidas não cessam.

Portanto, a forma de valorar qualquer elemento dista de ser um processo estático. É, em verdade, um processo dinâmico, de modo que o conceito hoje estabelecido, pelo mesmo ser cognoscente, será necessariamente diverso daquel'outro exarado no futuro, seja próximo ou não. Definitivamente diverso, ainda que aparentemente iguais, porquanto os processos de formação intrínsecos que lhes dão supedâneo, serão necessariamente diferentes, conforme apontado.

Daí porque a ideia de hermenêutica jurídica no tempo sofrer inconteste ações deste. Admitindo a hermenêutica como um instrumento de interpretação que auxilia uma ciência interpretativa por excelência[10] e não como uma ciência independente e autônoma, temos que a hermenêutica jurídica enfrenta insofreável ação do tempo.

Até mesmo o travamento de contato com ciências de interpretação pode levar o sujeito a valorações diversas, já que perfaz a qualidade de forja de atmosfera semântica. O sujeito vai investigando e sua atmosfera semântica se dilatando.

Esse processo de investigação remete o sujeito a experiências inaugurais, de modo que sua atmosfera semântica também sofre indeléveis alterações.

Não obstante a isso, os contextos histórico e sociais, porquanto sistema, sofrem os efeitos do giro autopoiético. Todos esses elementos, lembremos, vão influenciando de forma inapelável a interpretação, a valoração do indivíduo.

Logo a hermenêutica jurídica é um processo dinâmico, constante e insofreável.

1.2. A Hermenêutica no Direito

Em linhas exordiais, cumpre destacar que vimos tomando, no presente trabalho, a "hermenêutica" como instrumento de interpretação.

Destarte, falar em hermenêutica no Direito, reclama necessária cisão.

Seguindo na ideia de que hermenêutica é aparato em favor da interpretação, conforme supra propalado, temos na figura do Direito Positivo o objeto a ser interpretado, independentemente de onde e por quem a valoração será efetivada. Ter-se-á, de final, sempre a interpretação consagrada sobre e a partir de um texto jurídico ou uma plêiade deste.

Com efeito, mister se faz destacar que a hermenêutica, isto é, a interpretação praticada no manuseio do Direito Positivo incidindo no mundo social e sendo o ânimo das relações interpessoais é, diametral-

10 Tomamos como exemplo de ciência interpretativa na sua essência a Semiologia, a Semiótica, a Teoria dos Valores a Lógica, sem prejuízo de elementos outros de mesma lavra.

mente, diverso das valorações que se pratica no campo da Ciência do Direito.

Medir e efetivar, em nosso entendimento, a necessária segregação entre tais frações de manifestação do direito é tarefa das mais árduas.

Inicialmente porque até mesmo o conceito de "direito", enfrenta barreiras de difícil enfrentamento ou, quiçá, intransponíveis.

A começar pelo mal da ambiguidade por polissemia. O vocábulo "direito" pode indicar contrário de esquerdo, pessoa de conduta ilibada e irrepreensível, aprumado, dentre outras, afora as manifestações que dizem respeito às províncias jurídicas.

Nesse diapasão, arguta observação traz Luís Cesar Souza de Queiroz[11] ao ensinar:

> *"A palavra é a expressão verbal do conceito. Diferentes palavras (automóvel, carro, veículo automotor etc.) podem exprimir um mesmo conceito. E diferentes conceitos podem ser expressos por uma mesma palavra (ambiguidade por polissemia)." (Grifos postos)*

E quando destacada a esse fim, a problemática persiste. A análise e conceituação do Direito enquanto manifestação jurídico-social, nos parece longe encontrar uma definição. E possivelmente não encontre.

Clara fica a problemática ao, uma vez mais, nos valermos das lições de Luís Cesar Souza de Queiroz[12], que alude:

> *"Determinar o que é Direito é tarefa que tem suscitado grande divergência entre os filósofos e teóricos dessa área do conhecimento. O aprofundamento da análise desse tema envolve a apreciação de alguns outros assuntos, que estão inter-relacionados, tais como: a linguagem e a construção de conceitos; a importância dos fenômenos da ambiguidade por polissemia, da indeterminação, da mutação e da diversidade espacial conceitual e a existência de discricionariedade; o embate entre as teses da neutralidade objetiva e da valoração subjetiva acerca da determinação do que é Direito, da determinação de qual é seu conteúdo e de como deve ser realizada a sua interpretação." (Grifos postos)*

11 QUEIROZ, Luís Cesar Souza de – *Interpretação e aplicação tributárias: contribuições da hermenêutica e de Teorias da Argumentação*, GZ Editora, Rio de Janeiro, 2.021, p. 90.

12 QUEIROZ, Luís Cesar Souza de – *Interpretação e aplicação tributárias: contribuições da hermenêutica e de Teorias da Argumentação*, GZ Editora, Rio de Janeiro, 2.021, p. 75.

Não temos como propósito, neste trabalho, descer às minudências dos possíveis conceitos de Direito. Entretanto, um mínimo de recorte, como visto, há de ser promovido. Havemos de trazer um recorte que, ao menos, cinda as searas do Direito Positivo da Ciência do Direito porquanto, como já dito, exigem formas de interpretações diferentes.

E nesse diapasão, passamos a tecer breves considerações. Ei-las:

1.2.1. A interpretação no Direito Positivo

Admitamos o Direito Positivo como instrumento social, dotado de teor mandatório que, por isso, é o artefato que regula as relações interpessoais em uma dada sociedade.

Vale-se, para tanto, de linguagem que lhe é própria, qual seja, a linguagem prescritiva de condutas. Cuida, portanto, de qualidade de linguagem artificialmente construída pelo legislador sobre a linguagem natural.

Dito de outra maneira, o discurso vindouro da atividade legiferante, porquanto sinteticamente construída, é assente na linguagem natural, até porque o Direito Positivo, se instrumento apto a regrar as relações instaladas na sociedade, conforme alhures dito, há de provir da linguagem autóctone.

A par disso, ensina Paulo de Barros Carvalho[13]. Vejamos:

> *"A linguagem do legislador é uma linguagem técnica, o que significa dizer que se assenta no discurso natural, mas aproveita em quantidade considerável palavras e expressões de cunho determinado, pertinentes ao domínio das comunicações científicas. Os membros das Casas Legislativas, em países que se inclinam por um sistema democrático de governo, representam os vários segmentos da sociedade. Alguns são médicos, outros bancários, industriais, agricultores, engenheiros, advogados, dentistas, comerciantes, operários, o que confere um forte caráter de heterogeneidade, peculiar aos regimes que se queiram representativos." (Grifos postos)*

Resta claro, com a lição do festejado professor, que em um sistema que prima pela democracia, caso do sistema pátrio, aliás, o caldeamento linguístico se faz inexorável já que o Poder Legislativo é engendrado com arrimo nas mais variadas origens de formação e, até mesmo, de não formação. Desta sorte, porquanto a atividade legiferante deste provenha,

13 CARVALHO, Paulo de Barros – *Curso de Direito Tributário*, Editora Saraiva, São Paulo, 22ª edição, 2.010, pp. 36 e 37.

a qualidade da linguagem nesta oportunidade produzida será, deveras, artificial, heterogênea e apoiada em certo grau de tecnicidade.

Não obstante a isso, conforme já dito nas linhas predecessoras, a linguagem inata do Direito Positivo é prescritiva de condutas, de modo a *permitir, proibir* ou *obrigar* condutas.

E isso promove importante dessemelhança entre o Direito Positivo e a Ciência do Direito. As linguagens percebidas, assim como as funções exercidas em cada uma das indigitadas manifestações culturais, guardam distância abissal.

E neste átimo, mais uma vez locupletamo-nos da prédica de Paulo de Barros Carvalho[14], *in verbis*:

> *"O direito positivo está vertido numa linguagem, que é seu modo de expressão. E essa camada de linguagem, como construção do homem, se volta para a disciplina do comportamento humano, no quadro de suas relações de intersubjetividade. As regras do direito existem para organizar a conduta das pessoas, umas com relação às outras. Daí dizer-se que ao Direito não interessam os problemas intrassubjetivos, isto é, da pessoa para com ela mesma, a não ser na medida em que esse elemento interior e subjetivo corresponda a um comportamento exterior e objetivo." (Grifos postos)*

E segue dizendo[15]:

> *"... – o direito positivo – que, por sua vez, também de cunho se apresenta como um estrato de linguagem, porém de cunho prescritivo." (Grifos postos)*

Portanto, o manuseio do Direito Positivo, eivado de imperatividade, trazendo o que Hans Kelsen[16] chamara de "deôntico", porquanto dever-ser, há de ser interpretado a partir das apontadas premissas.

Importante questão emerge, entretanto. Interpretação, que perfaz caminho hermenêutico, consoante a doutrina de Hans Kelsen, será le-

---

14 CARVALHO, Paulo de Barros – *Curso de Direito Tributário*, Editora Saraiva, São Paulo, 22ª edição, 2.010, p. 34.

15 CARVALHO, Paulo de Barros – *Curso de Direito Tributário*, Editora Saraiva, São Paulo, 22ª edição, 2.010, p. 35.

16 Nesse sentido, Hans Kensen, *in* **Teoria Pura do Direito**, 7ª edição - São Paulo - Editora Martins Fontes, 2.006, p. 6, elucida que o ser é um fato real; um elemento faticamente dado. O dever-ser, por seu turno, é um evento igualmente real, mas que exibe significado diante da norma jurídica, capaz de lhe proporcionar juridicidade. O dever-ser é a conduta que se enquadra ao prescrito na norma, que se amolda à determinação normativa.

vada a efeito substancialmente por dois tipos de sujeitos, a saber: *(i) intérprete autêntico;* e *(ii) intérprete não-autêntico.*

Premente apontar, antes de tudo, que Hans Kelsen tem na interpretação *"uma operação mental que acompanha o processo de aplicação do Direito no seu progredir de um escalão superior para um escalão inferior"* [17]. (Grifos postos)

O assinalado sentido qualifica-se como específico, porquanto abranja apenas a nominada interpretação autêntica.

Opõe-se, de certo modo, a uma concepção tanto quanto tradicionalista onde, a exemplo do professado por Adrian Sgarbi[18], a interpretação, e por conseguinte a hermenêutica jurídica, há de ser engendrada como um caminho intelectual traduzido na averiguação dos axiomas dispostos numa dada norma jurídica.

Na concepção kelseniana, todavia, a interpretação jurídica há de ser levada à efeito em todos os casos e para todos os indivíduos que se valham das normas, sejam públicos ou privados, e para todas as normas jurídicas, gerais ou individuais, superiores ou inferiores.

Nessa perspectiva, notemos, interpreta-se todo e qualquer texto de Direito Positivo. Desta sorte, as leis, a Constituição Federal, tratados internacionais, portarias, instruções normativas, enfim, toda manifestação do Direito Posto só traz norma ao sistema se interpretado. É suporte físico á espera de uma interpretação autêntica.

Importante sublinhar que, no que concerne à interpretação, na medida em que Kelsen vislumbra duas categorias de intérpretes, forçosamente duas modalidades de interpretação, de igual feita, são trazidas à sirga, qual seja: *(i) interpretação autêntica;* e *(ii) interpretação não-autêntica.*

A interpretação autêntica é realizada pelos sujeitos que receberam investidura do Estado e, portanto, falam em nome deste. Em última análise, perfazem qualidade de aplicadores do direito nos mais variados níveis, nas mais variadas classes.

Nessa senda, o magistrado (em qualquer instância de jurisdição), julgador administrativo de qualquer espécie, o agente fiscal, o procurador da Fazenda, o membro do Ministério Público, isto é, todos aqueles

---

17 KELSEN, Hans - *Teoria Pura do Direito*, 7ª edição, São Paulo, Editora Martins Fontes, 2.006, p. 387.

18 SGARBI, Adrian - *Teoria do Direito – primeiras lições*, Rio de Janeiro, Editora Lumen Juris, 2.007, p. 453.

que atuam em nome do Estado, com autorização e poderes por este conferidos, são investidos de autorização para em seu nome falar.

Com efeito, nem todos dispõem de autorização para trazer à baila norma jurídica. Tão-somente aqueles acobertados pela jurisdição detêm possibilidade de inserir normas no sistema, sejam individuais e concretas, individuais e abstratas, gerais e abstratas ou individuais e concretas.

Fá-lo-á, com espeque em instrumentos da lavra das decisões, judiciais ou administrativas, de modo que, nesse particular, fica ao talante do magistrado e do julgador administrativo a função de interpretar, com tons de autenticidade, o texto de Direito Positivo e, a partir de então, trazer à lume a aplicação da norma jurídica, já interpretada e posta no sistema, atentemos, através dos aparatos legais que lhes são disponibilizados.

Entendemos, na esteira da classificação kelseniana, que, quiçá, o auditor fiscal, porquanto igualmente investido de poderes para em nome do Estado falar, ao lavrar Auto de Infração e Imposição de Multa – AIIM, leva a efeito sua interpretação do texto positivado, de modo que, ante tal autorização, pode, ou não, valer-se do indigitado instrumento de ponência de norma jurídica no sistema, aplicar os efeitos do apontado auto ou deixar de fazê-lo caso entenda incabível a lavratura do mesmo. Isso acaba por alça-lo, pensamos, à qualidade de intérprete autêntico, ladeando, pois, os julgadores judiciais e administrativos.

De outra mão, emerge a figura dos intérpretes não autênticos. O intérprete não-autêntico se afigura no sujeito não aplicador do direito. Desta sorte, alcança tal qualidade o intérprete não investido de jurisdição.

O advogado, então, evidentemente interpreta e, de certa maneira, forma norma jurídica na sua psique. Mas, notemos, não a põe no sistema porquanto lhe falte a autenticidade conferida pelo Estado.

Ao travar contato com casos concretamente havidos no mundo fenomênico, repisemos, constrói um juízo de valores de ordem jurídica, mas não na estofa de norma.

Por quê? Porque norma impõe condutas e as interpretação, isto é, o caminho hermenêutico por este percorrido que o levara a uma dada conclusão, não tem o condão de permitir, proibir ou obrigar.

De se notar, suas conclusões, devidamente postas e aclaradas nos autos processuais de uma relação qualquer, por exemplo, pode, admitamos, sugestionar o julgador a uma determinada conclusão.

Esta conclusão, sim, porque emitida por um sujeito investido de autenticidade alcança a qualidade de norma. Indagar-se-á, então: *se uma decisão for exarada com fulcro nos argumentos de um determinado causídico, destacando em seus fundamentos, inclusive, trechos de peças processuais por este produzidas, não se poderá sustentar que o mesmo introduzira norma ao sistema?*

Redarguimos. Não. Em circunstâncias desta qualidade, o sujeito concorre para a feitura da norma; para a construção desta. Jamais lhe formará e a trará para o sistema, já que lhe falta investidura.

Outra questão aparece, então: *e os demais agentes públicos? Receberam investidura do Estado. Não podem, então, confeccionar e trazer à colação norma jurídica?*

Não. A investidura que se recebe e se mostra apta à produção da norma jurídica é específica. Traduz-se somente no poder jurisdicional, ainda que por mandato determinado, como no caso dos julgadores administrativos.

Deste modo, o membro do Ministério Público, os procuradores das Fazendas, advogados da União, dentre outros, em que pese a investidura estatal que receberam, não produzem norma. Participam, apenas, do seu processo de formação por lhes faltar a autenticidade específica que tal evento reclama.

1.2.2. A interpretação na Ciência do Direito

A interpretação efetivada na Ciência do Direito posta-se de maneira diversa.

Aqui a interpretação não está submetida ao critério kelseniano de autenticidade ou não-autenticidade. Mas, de igual feita, não se afasta das premissas de formação axiomática que vimos destacando no tópico predecessor.

Se assim, aqui também o ser cognoscente valorará o objeto a partir de sua atmosfera semântica, carga empírica e contextos histórico e social que o circunda. Possivelmente com mais intensidade, inclusive, que nas interpretações havidas no campo do Direito Positivo.

Entretanto, o resultado interpretativo será submetido à averiguação de verdade ou falsidade, diferentemente do que ocorre no Direito Posto, oportunidade onde ter-se-á verificação de validade ou não-validade.

Quadra observar que, na Ciência do Direito, o objeto de estudo, isto é, o elemento submetido à observação é o texto de Direito Positivo, objeto que, quando visto nas regiões ônticas do conhecimento[19], ocupam o lugar de "elemento cultural".

19 Insta salientar que regiões ônticas do conhecimento são aquelas que, em um breve e apertado resumo, assume o ser humano ocupando posição central das relações instaladas entre este e os objetos do mundo.

Relativamente a isso, esclarecedoras são as palavras de Paulo de Barros Carvalho[20]. Ei-las:

> *"Já os culturais são reais, têm existência espaço-temporal, susceptíveis, portanto, à experiência, além de serem valiosos, positiva ou negativamente. O acesso cognoscitivo se dá pela compreensão e o método próprio é o empírico-dialético, já que o saber, nesse campo, pressupõe incessantes idas e venidas da base material ao plano dos valores e, deste último, à concreção da entidade física que examinamos." (Grifos postos)*

O Direito Positivo, resultado de atividade legiferante, na perspectiva de tal análise, assume a qualidade de objeto cultural já que produzido pelo ser humano. E como tal, restará perenemente passível de interpretação.

Ao processo de interpretação, Carlos Maximiliano chamara de "hermenêutica jurídica", não dissemelhantemente de outros que o precedera. Posicionara-se no sentido de que tal feito é verdadeiramente desafiador, em especial para os profissionais da esfera jurídica, porquanto seu objeto de estudo[21], bem como a sistematização dos métodos a este aplicáveis para determinar o sentido e o alcance das expressões contidas nos textos legais, repousam em arenoso terreno.

Nesse sentido, vejamos a lição do festejado doutrinador:

> *"Graças ao conhecimento dos princípios que determinam a correlação entre as leis dos diferentes tempos e lugares, sabe-se qual o complexo de regras em que se enquadra um caso concreto. Estrema-se do conjunto a que parece aplicável ao fato. O trabalho não está concluído. Toda lei é uma obra humana e aplicada por homens; portanto, imperfeita na forma e no fundo, e dará duvidosos resultados práticos, se não verificarem, como esmero o sentido e o alcance das suas prescrições. Incumbe ao intérprete àquela difícil tarefa. Procede à análise e também a reconstrução ou síntese. Examina o texto em si, o seu sentido, o significado de cada vocábulo. Faz depois obra de conjunto, compara-o com outros dispositivos da mesma lei, e com os de leis diversas, do país, ou de fora. Inquire qual o fim da inclusão da regra no texto, e examina este tendo em vista o objetivo da Lei toda e dos Direitos em geral. Determina por este processo o alcance da norma jurídica e, assim realiza, de modo completo, a obra moderna da hermenêutica."[22] (Grifos postos)*

20 CARVALHO, Paulo de Barros – *Direito Tributário. Linguagem e método*, Editora Noeses, 5ª edição revisada e ampliada, São Paulo, 2013, p. 18.

21 Direito Positivo.

22 MAXIMILIANO, Carlos - *Hermenêutica e Aplicação do Direito*, 13ª Edição, Editora Forense, 1993, pp. 9 e 10.

Vislumbra-se, como resultado, apontamentos divergentes sobre os mais variados institutos jurídicos, já que, por razões pontuadas nesse trabalho, a valoração de todo e qualquer objeto é singular e irrepetível. E de se notar, são construções e, consequentemente, conclusões legítimas.

O ser cognoscente debruça suas atenções sobre seu objeto de investigação, *in casu* o Direito positivo, e, doravante, passa a "descrever" as impressões colhidas no seu processo de conhecimento, lembremos, a partir dos elementos de formação do valor. Daí porque se dizer que a Ciência do Direito[23] trabalha com linguagem.

23 Como qualquer ciência.

CAPÍTULO 2

DA FORMAÇÃO E CAPTAÇÃO DO CRÉDITO TRIBUTÁRIO

Mister se faz, de início, trazer breve delineamento acerca da ideia de crédito tributário. Tomemo-lo como monta pecuniária, resultante de relação obrigacional de índole tributária, onde o sujeito ativo desta, passa a exigir do sujeito passivo, aqui revestido da qualidade de contribuinte, determinada quantia a partir da prática de uma dada conduta que, porquanto listada em lei, assume a feição de fato gerador.

Dito isso, importante observação há de ser trazida à colação. Se faz habitual o desalinho de conceitos havido entre as noções de crédito tributário e tributo propriamente dito.

Nota-se, com injucunda constância, que ao se referir a crédito tributário, o receptor da mensagem adere à esta, idealizando o sublinhado elemento como tributo.

Não. O conceito de crédito tributário não se confunde com a ideia de tributo. São institutos diversos.

O crédito tributário é o dinheiro, a quantia pecuniária que, colhido pelo tributo, será levado ao Erário para, então, encontrar sua destinação consoante ao Orçamento Público. Percebe-se, nesse particular, que o crédito tributário é o produto da arrecadação tributária, o que garante a diferença entre tais institutos.

Em que pese serem elementos dissemelhantes, a noção de capitação de pecúnia em favor do Estado, emprega o destacado embaralhamento de conceitos.

Entretanto, até mesmo a noção técnica de "dinheiro" padece de equívocos conceituais que, de se perceber, colaboram no engano que vimos destacando.

Na esteira desse pensamento, Alfredo Augusto Becker[1], com suas lições sempre esclarecedoras, pondera:

> *"Em excelente e erudita monografia, G. Scaduto, Professor na Universidade de Perugia, mostra a necessidade de se revisar o conceito de dinheiro, no plano jurídico, a fim de se fixar seus elementos de natureza passageira e, pois, acessória.*
> *A economia política atua num plano distinto do plano do Direito; em consequência, o conceito econômico de dinheiro deve ser distinto do conceito*

---

1 BECKER Alfredo Augusto – *Teoria Geral do Direito Tributário*, Editora Noeses, 4ª edição, 2007, p. 665.

do conceito jurídico de dinheiro; entretanto, a doutrina tem se mostrado de uma hibridez esterilizante. Como observou G. Scaduto, a doutrina econômica do dinheiro tem se deixado impregnar de critérios jurídicos; por sua vez, a doutrina jurídica do dinheiro acha-se demasiadamente turvada por critérios econômicos." (Grifos postos)

Claro fica que, na medida em que até mesmo as noções econômica e jurídica, que sobre a figura do dinheiro repousam, sofrem os efeitos de tal engano, soa natural a contaminação dos efeitos desataviados entre crédito tributário e tributo.

Isso porque, descendo às minúcias, vê-se o quão símil a ideia de conceito jurídico de dinheiro e a figura do tributo são. Vejamo-las, uma vez mais, nos ensinamentos de Alfredo Augusto Becker[2], *in verbis*:

"No estado atual da economia monetária, o dinheiro desempenha as seguintes três funções:

1. Meio geral de escambo;

2. Meio de transporte, no tempo e no espaço, da medida comum (unidade ideal ou abstrata) de valor;

3. Meio geral de pagamento ou mais preciosamente: meio geral de satisfação das prestações de dever jurídico" (Grifos postos)

Especial atenção rendemos à parte derradeira do destaque doutrinário supra, qual seja, *"meio geral de satisfação das prestações de dever jurídico".*

Atentando à sentença sublinhada por Alfredo Augusto Becker, nota-se que os predicados assumidos pelo dinheiro quando visto pelo prisma do conceito jurídico, muito se assemelham ao fadário enfrentado pelo tributo. Ambos buscam, grosso modo, satisfazer uma prestação vindoura de um dever jurídico.

Percebamos, todavia, que o conceito jurídico de dinheiro irá se afeiçoar a qualquer relação jurídico-obrigacional. Os elementos encontrados no Direito Tributário, pois, postam-se um tanto quanto diferentes.

O tributo, com seu inerente produto por este arrecadado, deveras encerra uma relação obrigacional de natureza tributária, porquanto promoverá sua extinção mediante pagamento. Com efeito, a destinação que se emprega ao montante pecuniário, entendemos, é o que o faz se distinguir dos demais.

Isso porque a pecúnia colhida há de se destinar aos Cofres Públicos de modo que, obedecendo a Lei Orçamentária do Ente Político, encon-

2 BECKER Alfredo Augusto – *Teoria Geral do Direito Tributário*, Editora Noeses, 4ª edição, 2007, pp. 665 e 666.

trará fim determinado; será empregado na sociedade nos conformes desenhados no Orçamento Público.

O tributo, que enquanto figura jurídica autônoma, não é objeto de análise detida neste trabalho, é o aparato que efetiva a ponência do dinheiro no Fisco. Daí porque dista do crédito tributário, que é, justamente, o *quantum* por este colhido. Andam rentes um ao outro, mas não se confundem.

Dito isto, resta a indagação: *como se forma o crédito tributário?* Vejamos sua aparição com mais vagar nos tópicos vindouros.

2.1. Da hipótese de incidência. Breve reflexão

Cabe pontuar, de início, que utilizamos, neste átimo, a locução "hipótese de incidência tributária", ou simplesmente "hipótese de incidência", para nos referirmos ao fato gerador.

É sabido que a nomenclatura em relevo fora cunhada pelo acrisolado Professor Geraldo Ataliba na sua famigerada obra intitulada, justamente, de "Hipótese de Incidência Tributária".

De igual sorte cediço que a ideia por este professada é absolutamente mais complexa, detalhada e completa que uma singela comparação ou proposta de troca de *nomen iuris*.

Com efeito, a exemplo do que ponderamos quando da rápida comparação entre crédito tributário e tributo, fazemos, aqui, a mesma advertência. O estudo da hipótese de incidência, a partir das observações argutas construídas pelo luzido jurista, não é objeto desta empreitada investigativa.

Nesse compasso, nos desapegamos de qualquer rigor científico que entorna a nomenclatura e utilizamo-la de forma mais simplista. Prossigamos, então.

Como se sabe, o tributo nasce a partir da prática da hipótese de incidência, conforme se vê estampado no artigo 114 do *Codex* tributário pátrio. Ei-lo:

> *(...)*
> *Art. 114. Fato gerador da obrigação principal é a situação definida em lei como necessária e suficiente à sua ocorrência.*
> *(...)*

A partir da leitura do destacado enunciado prescritivo, nota-se que o fato gerador, ou hipótese de incidência, conforme convencionamos nominar, se traduz em uma conduta esculpida em lei que, quando praticada pelo indivíduo, autoriza o Estado a tomar as medidas cabíveis para a cobrança do tributo.

Verdade que tanto os axiomas que se colhe a partir da leitura do referido comando, quanto a nomenclatura empregada, geram equívocos e, por isso, são propósito de acentuadas críticas por parte da doutrina.

À vista disso, Alfredo Augusto Becker[3] pondera que o "fato" em comento, nada mais "gera" que embaraço intelectual. E ao indigitado jurista, faz coro o insigne Professor Eduardo Marcial Ferreira Jardim[4] que, de forma memorável, destaca:

> *"... a locução fato gerador se ressente de precisão terminológica, pois, a um só tempo, faz alusão ao fato e à descrição normativa do próprio fato." (Grifos postos)*

A problemática se instala porquanto, em que pese as imprecisões destacadas acerca do instituto jurídico em tela, resta dissenso no que concerne ao seu conceito.

A exemplo disto, Ricardo Lobo Torres[5] traz à lume a ideia de que o Código Tributário Nacional - CTN, assim como a doutrina brasileira majoritária, empregam a expressão "fato gerador" para designar evento abstrato, traçado em lei como a sua ocorrência no plano concreto, o que, entendemos, flerta fortemente com a ininteligibilidade.

Não por outro motivo a locução "fato gerador" fora e é tão combatida pela doutrina ao longo dos anos.

Aliás, como bem destaca o citado jurista, o termo em relevo provoca nebulosidade na interpretação de textos legais não somente nos países lusófonos, mas em outros, com idiomas diversos, também. Desta feita, a ambiguidade redundante da polissemia se apresenta no francês, donde se lê *fait générateur*, no espanhol, na locução *hecho imponible*, no idioma italiano, no verbete *fattispécie*, de modo a compreender, isocronicamente, o abstrato e o concreto.

Ainda no compasso das lições de Ricardo Lobo Torres, apenas o idioma alemão que, em razão da sua fartura léxica, abarca dois termos distintos para tanto, quais sejam, *tatbestand*, perfazendo a noção de generalidade, e *tatsache*, correspondente ao fato, isto é, à prática concreti-

---

3 BECKER Alfredo Augusto - *Teoria Geral do Direito Tributário*, Editora Noeses, 4ª edição, 2007, p. 336.

4 JARDIM, Eduardo Marcial Ferreira - *Compendium de Direito Tributário*, Editora Mackenzie, São Paulo, 2.018, p. 145.

5 TORRES, Ricardo Lobo - *Curso de Direito Tributário*, Editora Renovar, 4ª edição, Rio de Janeiro, 1997, p. 207.

zada. Não obstante a isso, a doutrina, bem como a legislação germânicas, também baralham os significados em análise[6].

Não por outro motivo, tão importante se faz o estudo de Geraldo Ataliba, linhas acima apontado. O emprego da locução "fato gerador", traz incontáveis disfunções interpretativas e desorienta o exegeta, especialmente quando este não é versado nas ciências jurídicas.

De todo modo, por isso, de maneira singela, mas com o fito de trazer entendimento ao conceito esculpido no artigo 114 do Código Tributário Nacional – CTN, apontamos que o fato gerador (hipótese de incidência) é uma conduta grafada em lei que, quando praticada, enseja autorização para que o Estado efetive os atos administrativos necessários para a consumação de crédito tributário.

2.2. Do lançamento tributário. Ato administrativo vinculado constituidor do crédito tributário

Tecidas breves reflexões no que diz respeito ao crédito tributário e ao fato gerador, ou hipótese de incidência tributária, mister se faz atentar ao processamento, isto é, ao método de formação do crédito tributário.

Nesse particular, indispensável se mostra a leitura do artigo 142, do Código Tributário Nacional – CTN. Vejamo-lo:

> *(...)*
> *Art. 142. Compete privativamente à autoridade administrativa constituir o crédito tributário pelo lançamento, assim entendido o procedimento administrativo tendente a verificar a ocorrência do fato gerador da obrigação correspondente, determinar a matéria tributável, calcular o montante do tributo devido, identificar o sujeito passivo e, sendo caso, propor a aplicação da penalidade cabível.*
> *Parágrafo único. A atividade administrativa de lançamento é vinculada e obrigatória, sob pena de responsabilidade funcional.*
> *(...)*

Da leitura do artigo de lei em destaque, várias ponderações haverão de ser feitas. Passemos a tecê-las.

2.2.1. Lançamento tributário: um ato administrativo vinculado

Atentando à redação do indigitado artigo 142, do Código Tributário Nacional – CTN, exordialmente encontramos trecho de vitanda impor-

---

6 Nesse sentido, Ricardo Lobo Torres, *in*, *Curso de Direito Tributário*, Editora Renovar, 4ª edição, Rio de Janeiro, 1997, p. 207.

tância, qual seja: *"Compete privativamente à autoridade administrativa constituir o crédito tributário pelo lançamento..."* (Grifos postos)

O vocábulo "compete", aqui, denota a ideia de competência. Se refere à investidura a que alhures destacamos. Indica dizer, por outros contornos, que um dado sujeito recebera autorização do Estado para em seu nome agir, falar.

Segue prescrevendo que a investidura a qual nos referimos é exclusivamente destinada à autoridade administrativa, e de outro modo não haveria de ser, já que, lembremos, tem-se, nesta oportunidade, delegação de competência, disponibilização de investidura. Se assim, há de repousar sobre uma autoridade que em nome do Estado atua.

Imbricando as destacadas frações da sentença impositiva em relevo, nota-se que, por competência, somente a autoridade administrativa tem o condão de efetivar ato capaz de constituir o crédito tributário.

Por outros contornos, somente a autoridade administrativa goza de autorização conferida pelo sistema jurídico positivo pátrio para, em nome do Estado, constituir o crédito tributário.

Como cediço, toda vez que o sujeito age com investidura estatal, sua ação alcança a estofa de ato administrativo. Destarte, ao receber competência, agir sob a égide desta, de modo a, como resultado dessa ação, constituir o crédito tributário, nos conduz a asseverar que o lançamento tributário perfaz qualidade de ato administrativo.

E nesse particular, notemos, não se trata de ato administrativo instantâneo, porquanto não se encerre em uma única atuação. Ao contrário, reclama uma concatenação ordenada de atos, o que lhe alça à qualidade de procedimento.

À guisa de rememoração, questão de substancial importância há de ser efetivada. Urge notar que "procedimento administrativo" não se afina à ideia de "ato administrativo complexo"; não são a mesma coisa.

Ato administrativo complexo é edificado consoante a manifestação de vontade de órgãos diversos. Difere-se, portanto, do procedimento administrativo, porquanto se entenda, este, como prossecução de atos administrativos, em geral, praticados por um único órgão.

Em razão disso, então, se testifica que o lançamento tributário, conquanto ato administrativo, afigura-se qualidade de procedimento administrativo, já que um elemento não é excludente de outro, ao contrário, se completam.

Outro ponto elementar reside na qualidade de ato administrativo. Percorrendo pelas sentenças grafadas no já destacado artigo 142 do

Codex tributário brasileiro, em especial em seu parágrafo único, nota-se que o referido ato administrativo é do tipo vinculado. Vejamos:

> *(...)*
> *Art. 142. - ...*
> *Parágrafo único. A atividade administrativa de lançamento é vinculada e obrigatória, sob pena de responsabilidade funcional.*
> *(...)*

E a mensagem resta confirmada pelo imbricamento do mencionado artigo 142 do Código Tributário Nacional - CTN com a fração derradeira do artigo 3º do mesmo diploma, que prescreve que o tributo é uma obrigação pecuniária a ser *"...cobrada mediante atividade administrativa plenamente vinculada."*[7] (Grifos postos)

Não por outro motivo, Rubens Gomes de Sousa[8] definira o lançamento tributário como ato ou série de atos de administração vinculada e obrigatória que tem como finalidade a averiguação e a valoração qualitativa e quantitativa das situações que a lei elege como pressuposto da incidência, tendo como consequência a criação da obrigação tributária em sentido formal.

Não resta dúvidas, pois, de que o naipe de ato administrativo que entorna o lançamento tributário é vinculado, o que traz uma série de implicações a serem debatidas em oportuno momento.

2.2.2. Da natureza jurídica do Lançamento tributário

Quando o Código Tributário Nacional - CTN fora trazido à lume em 25 (vinte e cinco) de outubro de 1.966, a ideia dominante indicava que o lançamento tributário exibia natureza declaratória.

Com o estugar do tempo, tem-se, hodiernamente, a prevalência do posicionamento que reconhece, no lançamento tributário, natureza constitutiva.

Resta dissenso na doutrina, portanto, o que é absolutamente compreensível, quiçá esperado, quanto a natureza jurídica do lançamento tributário. Isso se dá porquanto as terminologias que o entornam levam

7 Art. 3º Tributo é toda prestação pecuniária compulsória, em moeda ou cujo valor nela se possa exprimir, que não constitua sanção de ato ilícito, instituída em lei e cobrada mediante **atividade administrativa plenamente vinculada**.

8 SOUSA, Rubens Gomes - *Compêndio de legislação tributária*, Editora Financeiras, 3ª Edição, Rio de Janeiro, 1.960, p. 79.

a dubiedades, deveras. Por conta disso, pois, renomados juristas apontam para ambos os lados.

A exemplo disso, tomemos as lições de Aliomar Baleeiro[9], que diz:

> *"O CTN pode induzir em equívoco quem lê na testa do Capítulo II do Título III a rubrica 'Constituição do Crédito Tributário" e, no art. 142: Compete privativamente à autoridade administrativa constituir o crédito tributário...'*
> *Constituir o crédito tributário e não a obrigação tributária principal.*
> *Daí não decorre que o legislador brasileiro haja reconhecido caráter* **constitutivo**, *e não* **declaratória** *ao lançamento. O disposto nos artigos 143 e 144 do CTN evidencia que ele próprio atribui ao lançamento efeitos de ato declaratório." (Grifos postos)*

Na mesma esteira é o posicionamento de Sacha Calmon Navarro Coêlho[10] que, assim como Aliomar Baleeiro, assevera que o lançamento tributário exibe natureza declaratória da obrigação tributária que preexiste e, por assim, informa que o ato administrativo do lançamento tributário atribui, somente, exigibilidade ao crédito tributário, daí porque, para o apontado doutrinador, repisemos, de natureza declaratória.

Em outro sentido se mostra a compreensão de Regina Helena Costa[11] concernente à natureza jurídica do lançamento tributário, já que, ao explanar acerca do anotado instituto jurídico, pondera que *"... na dicção do Código, o lançamento constitui o crédito tributário, isto é, torna-o exigível e, portanto, passível de cobrança"* (Grifos postos)

De igual sorte apregoa Eduardo Marcial Ferreira Jardim[12] que, em memorável lição, aclara:

> *"É bem de ver, todavia, que oi lançamento não se restringe a atestar a existência de um fato jurídico tributário. Mais do que isso, a ordem jurídica lhe comete o mister de atribuir eficácia a uma relação jurídica nascida anteriormente, tornando-a exigível.*
> *Assim, divergindo das posições clássicas, entendemos então que o lançamento assume natureza jurídica constitutivo-formal, como bem predica Lucia Valle Figueiredo Collarile, uma vez que o critério tributário é constituído apenas no aspecto formal pelo instituto questionado". (Grifos postos)*

---

9 BALEEIRO, Aliomar; DERZI, Misabel – *Direito Tributário Brasileiro. CTN Comentado*, Editora Gen/Forense, 14ª edição revista, atualizada e ampliada, p. 1.180.

10 COÊLHO, Sacha Calmon Navarro – *Curso de Direito Tributário Brasileiro*, Editora Gen/Forense, 16ª edição, pp. 649 a 651.

11 COSTA, Regina Helena – *Curso de Direito Tributário. Constituição e Código Tributário Nacional*, 2ª edição, Editora Saraiva, p. 234.

12 JARDIM, Eduardo Marcial Ferreira – *Manual de Direito Financeiro e Tributário*, Editora Saraiva, 12ª edição, p. 439.

Insta consignar que uma coleção de autores poderia ser trazida à sirga. Registrariam, estes, posicionamentos pendentes tanto para o caráter declaratório do lançamento tributário, quanto para o constitutivo. Não obstante a isso, conforme outrora destacado, predomina na nupérrima doutrina a noção de que o lançamento tributário perfaz qualidade de ato constitutivo e não declaratório.

E no que tange ao tema, acompanhamos a ideia de que o lançamento tributário é de índole constitutiva. Expliquemos.

Todo evento que se opera no mundo social, reclama instrumento hábil, com inerente e competente linguagem, para ser juridicizado. Por outros torneios, dada ocorrência, somente será considerada fato jurídico e, doravante, importante para o direito, após submeter-se à apontada conversão linguística. Tem-se, *in casu*, a nominada subsunção.

Cabe, então, repisar que se entende por subsunção o efeito de subsumir; incluir dado elemento em algo dilatado. Trazido para a esfera do direito, emerge a figura da subsunção quando o caso em concreto se encontra com a norma em abstrato, isto é, quando há o encaixe entre a conduta efetivada no mundo fenomênico e a hipótese normativa.

De se notar, a subsunção, no Direito Tributário, é levada à efeito pelo lançamento tributário.

Em que pese uma linha de considerados doutrinadores asseverar que o crédito tributário encontra nascedouro quando da prática da conduta desenhada no antecedente da norma tributária, isto é, com a efetivação da hipótese de incidência, de modo que cabe ao lançamento tributário, então, apenas declará-lo, no mundo da experiência não é o que se observa.

Diuturnamente se pratica condutas elencadas pela lei como "fato gerador" de tributo, isto é, se leva à efeito práticas grafadas em lei como aptas a gerar tributos.

Com efeito, é de se notar que a efetivação de dada conduta tipificada em lei fiscal como "fato gerador de tributo", o que convencionamos nominar, neste trabalho, de hipótese de incidência tributária, não traz à lume imediato crédito tributário, tampouco instala relação obrigacional; obrigação jurídico-tributária.

Diversamente, o que se verifica é que o evento em comento, fica ao talante de uma linguagem que o converta em fato jurídico-tributário. Por outros contornos, se não houver, por parte do Estado, a efetivação do ato administrativo "lançamento tributário", não se terá a constituição do crédito tributário, a aparição da relação obrigacional tributária e, por conseguinte, também não se vislumbrará a instalação de uma relação jurídico-tributária entre Estado e contribuinte.

Temos, então, que a constituição do crédito tributário se opera, necessariamente, com a efetivação do lançamento tributário, o que lhe confere a qualidade de instrumento jurídico dotado de natureza constitutiva.

2.2.3. *Espécies de Lançamento tributário*

Há de se rememorar, *in limine*, que a abordagem que se faz consoante as espécies de lançamento tributário se diferem quando se olha pelo prisma do Texto Legal, despido de certe detença, e pela óptica da doutrina, oportunidade onde a referida delonga interpretativa já se dera.

Palmeando a lei, nota-se que o lançamento tributário se efetiva em três modalidades: *(i) lançamento de ofício, (ii) lançamento por declaração;* e *(iii) lançamento por homologação.*

Dito isso, algumas observações hão de ser trazidas à baila. Vejamo-las:

Quadra observar, antes de tudo, que o lançamento tributário, consoante as prescrições do artigo 146, inciso III, alínea "b" da Carta Política nacional, é tema reservado à lei complementar com natureza de norma geral. Atentemos aos ditames constitucionalmente trazidos:

> *(...)*
> *Art. 146. Cabe à lei complementar:*
> *...*
> *III – estabelecer normas gerais em matéria de legislação tributária, especialmente sobre:*
> *...*
> *b) obrigação, lançamento, crédito, prescrição e decadência tributários;*
> *(...)*

Resta claro, pois, que não é facultado aos Entes Políticos a criação de novel espécie de lançamento tributário, de modo que, eventual institucionalização de espécie inaugural do indigitado ato administrativo, repisemos, dar-se-á por meio de lei complementar e em âmbito nacional. Destarte, não cabe á União, aos Estados-Membros, Distrito Federal e os Municípios a criação de espécies próprias de lançamento tributário.

Tecidas tais observações porquanto, assim reputamos, de dilatada importância, cuidemos das espécies de lançamento tributário desenhadas no código Tributário Nacional – CTN.

2.2.3.1. *Lançamento tributário de ofício*

Tratemos, exordialmente, do lançamento tributário de ofício, igualmente nominado de lançamento direto, esculpido no artigo 149 do Código Tributário Nacional – CTN, *in verbis*:

> *(...)*
> *Art. 149. O lançamento é efetuado e revisto de ofício pela autoridade administrativa nos seguintes casos:*
> *I - quando a lei assim o determine;*
> *II - quando a declaração não seja prestada, por quem de direito, no prazo e na forma da legislação tributária;*
> *III - quando a pessoa legalmente obrigada, embora tenha prestado declaração nos termos do inciso anterior, deixe de atender, no prazo e na forma da legislação tributária, a pedido de esclarecimento formulado pela autoridade administrativa, recuse-se a prestá-lo ou não o preste satisfatoriamente, a juízo daquela autoridade;*
> *IV - quando se comprove falsidade, erro ou omissão quanto a qualquer elemento definido na legislação tributária como sendo de declaração obrigatória;*
> *V - quando se comprove omissão ou inexatidão, por parte da pessoa legalmente obrigada, no exercício da atividade a que se refere o artigo seguinte;*
> *VI - quando se comprove ação ou omissão do sujeito passivo, ou de terceiro legalmente obrigado, que dê lugar à aplicação de penalidade pecuniária;*
> *VII - quando se comprove que o sujeito passivo, ou terceiro em benefício daquele, agiu com dolo, fraude ou simulação;*
> *VIII - quando deva ser apreciado fato não conhecido ou não provado por ocasião do lançamento anterior;*
> *IX - quando se comprove que, no lançamento anterior, ocorreu fraude ou falta funcional da autoridade que o efetuou, ou omissão, pela mesma autoridade, de ato ou formalidade especial.*
> *Parágrafo único. A revisão do lançamento só pode ser iniciada enquanto não extinto o direito da Fazenda Pública.*
> *(...)*

De se notar, na apontada qualidade de lançamento tributário o Fisco encontra-se de posse de todos os elementos necessários para a feitura do lançamento tributário. Efetiva-o sem qualquer concorrência do contribuinte. Daí porque nominá-lo de "lançamento tributário de ofício".

Dadas as suas características, o Ente Político competente, ao obter as informações necessárias para tanto, certifica-se de todos os aspectos e nuances ínsitos a tal evento e constitui o crédito tributário por intermédio do lançamento tributário de ofício.

Há de se ressaltar, entretanto, que o lançamento tributário de ofício encontra termo, apenas, com a devida notificação[13] do contribuinte da realização ao mesmo. Isso porque, conforme explanado linhas acima, para a confecção do lançamento tributário de ofício, o Estado/Fisco já dispõe de todos os elementos necessários para fazê-lo, de modo que, por assim o administrado há de ser cientificado da feitura do ato administrativo em comento. Aliás, dar ciência ao contribuinte do lançamento

13 Que há de se operar sob a égide das diretrizes traçadas no artigo 11 do Decreto nº 70.235/1.972.

tributário efetivado a partir de prática de hipótese de incidência por este efetivada, constitui um dever do Estado.

Desta sorte, a notificação ao contribuinte se posta como fração do procedimento do lançamento tributário de ofício, já que, porquanto dê ciência deste ao contribuinte, efetiva-se, na mesma medida, a publicização do mencionado ato administrativo, sem o qual ter-se-á inexorável qualidade de vício no mesmo.

Em razão disto, pois, a falta de notificação no lançamento tributário de ofício ao contribuinte, traz a nulidade do mesmo, de modo que sequer o prazo decadencial frustrara sua deambulação, justamente porque o ato administrativo em exame não se aperfeiçoara por conta da ausência de notificação deste ao administrado.

Ressaltando nosso posicionamento de que o lançamento tributário exibe natureza constitutiva e que a notificação deste ao contribuinte perfaz ato final deste, com sua efetiva feitura constitui-se definitivamente o crédito tributário, nasce a obrigação tributária e se instala relação jurídico-tributária.

À guisa de exemplo, temos, nesse compasso, o Imposto Territorial Urbano – IPTU, as taxas na sua maioria, as contribuições de melhoria e a Contribuição para Custeio do Serviço de Iluminação Pública – COSIP, constitucionalmente criada para custear os serviços de iluminação pública dos municípios.

Temos, assim, em linhas gerais o ato administrativo do lançamento tributário de ofício.

2.2.3.2. Lançamento tributário por homologação

A qualidade de lançamento tributário em destaque, encontra previsão no artigo 150 do Código Tributário Nacional – CTN. Atentemos à sua redação infra destacada:

> *(...)*
> *Art. 150. O lançamento por homologação, que ocorre quanto aos tributos cuja legislação atribua ao sujeito passivo o dever de antecipar o pagamento sem prévio exame da autoridade administrativa, opera-se pelo ato em que a referida autoridade, tomando conhecimento da atividade assim exercida pelo obrigado, expressamente a homologa.*
> *§ 1º O pagamento antecipado pelo obrigado nos termos deste artigo extingue o crédito, sob condição resolutória da ulterior homologação ao lançamento.*
> *§ 2º Não influem sobre a obrigação tributária quaisquer atos anteriores à homologação, praticados pelo sujeito passivo ou por terceiro, visando à extinção total ou parcial do crédito.*
> *§ 3º Os atos a que se refere o parágrafo anterior serão, porém, considerados na apuração do saldo porventura devido e, sendo o caso, na imposição de penalidade, ou sua graduação.*

> *§ 4º Se a lei não fixar prazo a homologação, será ele de cinco anos, a contar da ocorrência do fato gerador; expirado esse prazo sem que a Fazenda Pública se tenha pronunciado, considera-se homologado o lançamento e definitivamente extinto o crédito, salvo se comprovada a ocorrência de dolo, fraude ou simulação.*
>
> *(...)*

A figura jurídica em relevo se difere absolutamente da sua predecessora. O lançamento tributário por homologação, pois, encontra início a partir de atos consubstanciados pelo contribuinte, tendo, assim, um *modus operandi* absolutamente inverso ao do lançamento tributário de ofício.

Isso porque, de se notar, no lançamento tributário de ofício, não se vislumbra qualquer laboração do administrado que corrobore para a efetivação do mencionado ato administrativo e, por conseguinte, para a constituição do crédito tributário e demais elementos deste decorrentes.

No lançamento tributário por homologação, o caminho acotiado é deveras diferente. Tem-se, neste, ativa participação do contribuinte que apura o valor devido e antecipa o pagamento do crédito tributário por este averiguado. Apresenta-o à autoridade administrativa, que, em momento subsecutivo, homologa-o, desde que sem defeito, como condição resolutória para a extinção do crédito tributário.

Dito de outra maneira, o pagamento antecipado, oportunamente destacado, é chancelado pela autoridade administrativa. De se notar, o agente público não participa da confecção, da construção do lançamento tributário, restando-lhe, pois, apenas a conferência e anuência quanto ao valor recolhido pelo contribuinte. Tal método leva a doutrina majoritária a se referir à modalidade de lançamento tributário em relevo como "auto-lançamento", conclusão e nomenclatura cuja a discordância gostaríamos de registrar.

Assim nos posicionamos, posto que o artigo 142 do Código Tributário Nacional – CTN, bem como o artigo 3º do mesmo diploma trazem redação, de hialina clareza, apontando o lançamento tributário como ato privativo da autoridade administrativa. Inconteste, já que, se ato administrativo vinculado, somente agente público pode este praticar.

Admissível, no entanto, é a participação do contribuinte no processo de feitura do ato administrativo do lançamento tributário. Justamente por isso há de ser submetido à autoridade administrativa para que esta confira o labor do administrado e o chancele, caso não vislumbre nenhum vício.

Não obstante a isso, de se notar que o lançamento tributário por homologação encontra na chancela administrativa seu ato derradeiro.

O lançamento tributário por homologação, por isso, encontra seu termo somente quando a anuência da Administração Pública é consubstanciada pela chancela, isto é, pela homologação por esta despendida.

Importante salientar, por oportuno, que uma vez apresentado o crédito tributário, a Administração Pública dispões do prazo de cinco anos para efetuá-lo, conforme resta consignado no artigo 150, § 4º do Código Tributário Nacional - CTN[14]. Exceção se faz se lei específica em contrário dispuser.

Discussões várias, aliás, permeiam o tema do prazo para a homologação do crédito tributário nessa espécie de lançamento. Entretanto, não traremos estas à sirga, por dizerem mais respeito à decadência que ao lançamento tributário propriamente dito. Não perfaz nosso objeto de estudo nesse momento.

2.2.3.3. Lançamento tributário por declaração

Urge destacar que a modalidade de lançamento tributário em apreço encontra tipicidade no artigo 147 do *Codex* tributário brasileiro, *in verbis*:

> *(...)*
> *Art. 147. O lançamento é efetuado com base na declaração do sujeito passivo ou de terceiro, quando um ou outro, na forma da legislação tributária, presta à autoridade administrativa informações sobre matéria de fato, indispensáveis à sua efetivação.*
> *§ 1º A retificação da declaração por iniciativa do próprio declarante, quando vise a reduzir ou a excluir tributo, só é admissível mediante comprovação do erro em que se funde, e antes de notificado o lançamento.*
> *§ 2º Os erros contidos na declaração e apuráveis pelo seu exame serão retificados de ofício pela autoridade administrativa a que competir a revisão daquela.*
> *(...)*

No compasso do que se vê no lançamento tributário por homologação, na modalidade em tela, tem-se o contribuinte ou terceiro, inapelavelmente, como o responsável por prestar declaração ao Estado/Fisco para que este, a partir das informações declaradas, efetive o lançamento tributário com arrimo nestas.

Desta sorte, o contribuinte, repisemos, a exemplo do que se tem no lançamento tributário por homologação, o Estado fica ao talante do

---

14 § 4º Se a lei não fixar prazo a homologação, será ele de cinco anos, a contar da ocorrência do fato gerador; expirado esse prazo sem que a Fazenda Pública se tenha pronunciado, considera-se homologado o lançamento e definitivamente extinto o crédito, salvo se comprovada a ocorrência de dolo, fraude ou simulação.

administrado, isto é, dependente deste levar a efeito declaração que traga os elementos fáticos pra a feitura do lançamento tributário por declaração.

Com efeito, de se ressaltar que o processo de feitura do lançamento tributário por declaração se opera nos mesmos moldes daquel'outro, isto é, do lançamento tributário por homologação. Nessa senda, pois, o ato derradeiro mais uma vez fica à mercê do Fisco. Assim, em que pese a apresentação de todos os elementos por parte do contribuinte, sem a chancela estatal não se tem a consubstanciação do lançamento tributário.

Aliás, importa salientar que, tanto no lançamento tributário por homologação, quanto no lançamento tributário por declaração, resta dispensada a notificação ao contribuinte, já que este fora quem promovera todos os atos. A cientificação do ato, então, é inata a atividade por este desempenhada. Reforça o entendimento, pois, de que o referido ato administrativo encontra termo com a chancela do Estado.

Questão de relevante importância, então, emerge neste momento. Como visto, a declaração é vindoura do contribuinte que, assim, propala, por conta própria, as informações. Por assim, forçoso admitir que os elementos ali consignados mereçam, vez ou outra, retoques.

Indaga-se, nesse particular: *a declaração apresentada pelo contribuinte – que dará ensejo ao lançamento tributário por declaração -, uma vez apresentada, pode sofrer alterações?*

Redarguimos: Sim. Facultativamente pode ser promovida a mencionada alteração por parte do contribuinte, buscando, inclusive, diminuir o impacto fiscal. Com efeito, há de ser praticada, tal alteração, em um determinado lapso temporal, qual seja, até o encerramento do ato administrativo em debate.

Importa lembrar, por se fazer mister, que a alteração em comento não há de ser efetuada indiscriminadamente. Deve, o contribuinte, comprovar que incidira em erro para que novel declaração seja confeccionada, agora, acertadamente.

Dando linhas finais, por observação aos lançamentos tributários por homologação e por declaração, resta concluir que o lançamento tributário de ofício é subsidiário.

Quando não prestada qualquer informação por parte do administrado, independentemente do motivo, o lançamento tributário somente será levado à efeito se o Fisco, de per se, obtiver as informações necessárias para tanto. Neste átimo, todavia, ter-se-á o lançamento tributário de ofício, o que ressalta, reforcemos, seu caráter de subsidiariedade.

CAPÍTULO 3

A CAPITAÇÃO DO TRIBUTO ENQUANTO INSTRUMENTO DE ATINGIMENTO DOS DIREITOS FUNDAMENTAIS

Como dito alhures, o Estado prometera uma série de direitos fundamentais à guisa de tutela de modo que, por isso, restam capitulados e espraiados pelo Texto Constitucional.

A consubstanciação dos apontados direitos fundamentais, entretanto, engendram larga monta a ser suportada pelo Estado. O *quantum* a ser despendido a título pecuniário é deveras substancial, ainda que se admita que a prefalada proteção constitucional não se dá na sua totalidade; que seja parcialmente despendida.

Há de se custear a efetivação dos sublinhados direitos, mesmo que parcialmente atendidos. Ainda que os entendamos como precários; que haja participação e apoio da iniciativa privada, o gasto haverá e será, seguramente, avolumado.

Resta consabido que o tributo historicamente desfruta de indesejada pecha de vilania. Com efeito, é justamente dessa espécie de receita derivada que se colhe o maior volume de dinheiro a ser levado ao Erário. É, pois, o principal instrumento de ponência de pecúnia no Cofre Público de modo que, direta ou indiretamente, é o que possibilita o atendimento dos reclamos constitucionais em maior ou menor grau.

Evidencia-se, a partir disso, que o tributo não é tão só um instrumento de dilapidação do patrimônio do particular. Em absoluto. Desempenha, vezes imediatamente, outras de forma mediata, importante papel na viabilização dos direitos fundamentais traçados na Constituição Federal. Destarte, forçoso admitir a indispensável presença e importância de tal espécie no cotidiano social.

De igual feita, mister se faz notar que quanto maior a arrecadação tributária – *captação de crédito tributário, portanto* -, proporcionalmente maior será o atendimento dos direitos fundamentais porquanto financiados, em maior parte, pelos tributos, conforme já dissemos outrora.

3.1. Da repartição das receitas. A primeira destinação tributária com tons de direitos fundamentais

De geral sabença, a Lei Maior delegara aos Entes Políticos obrigações e deveres vários atinentes ao cidadão; aos seus utentes. A título de exemplo, sublinhemos o custeio da saúde, educação, segurança pública, saneamento básico, dentre tantas outras possibilidades, conforme oportunamente trazido à colação.

Tal-qualmente fora apontado que cabe, em maior parte, aos tributos o papel de financiamento de tais prerrogativas.

Indaguemos, entretanto: *a receita colhida dos impostos pode fazer frente a tais questões de ordem social?*

A decifração da indigitada questão, para encontrar seu termo, há de perlustras prévio caminho que, de se notar, encontra início no Texto Supino, em seu artigo 145, inciso I, imbricando-se com o *Codex* Tributário pátrio, artigo 5º, *in verbis*:

> *(...) Art. 145. A União, os Estados, o Distrito Federal e os Municípios poderão instituir os seguintes tributos:*
>
> *I - impostos.*
>
> *(...)*
>
> *(...)*
>
> *Art. 5º Os tributos são impostos, taxas e contribuições de melhoria.*
>
> *(...)*

De tais enunciados prescritivos partimos para ressair o imposto enquanto espécie tributária, já que, nos parece, é o principal ejetor de dinheiro aos Cofres Públicos dentre as espécies tributárias.

Resta evidente que as demais espécies tributárias - *taxa, contribuição de melhoria, empréstimo compulsório e contribuições* - também coadjuvam na colocação, na levada de pecúnia no Fisco. Repisemos, entretanto, em um grau diminuto.

Quadra obtemperar, nesse particular, importante comando constitucional. A Suprema Lei brasileira veda a destinação do produto alcançado pelos impostos para fazer frente a despesas específicas. Nesse particular, sobreleva-se o artigo 167, inciso IV da Constituição Federal. Vejamo-lo:

> *(...)*
>
> *Art. 167. São vedados:*
>
> *IV – a vinculação de receita de impostos a órgão, fundo ou despesa, ressalvadas a repartição do produto da arrecadação dos impostos a que se referem os arts. 158 e 159, a destinação de recursos para as ações e serviços públicos de saúde, para manutenção e desenvolvimento do ensino e para realização de atividades da administração tributária, como determinado, respectivamente, pelos arts. 198, § 2º, 212 e 37, XXII, e a prestação de garantias às operações de crédito por antecipação de receita, previstas no art. 165, § 8º, bem como o disposto no § 4º deste artigo.*
>
> *(...)*

À vista disso, substancial se faz atinar que a destinação difluente dos impostos, isto é, o crédito tributário colhido a partir do pagamento de tal espécie tributária não pode ser especificamente destinada a órgão ou fundo especial sob pena de clara e indelével inconstitucionalidade.

Nesse compasso, então, o dinheiro vindouro dos impostos haverá de vestibularmente compor o Cofre Público para, *a posteriori*, encontrar destinação distintiva na Lei Orçamentária daquele Ente Público.

É a partir de então que se nota o tributo, em especial o imposto, desempenhando insofreável papel na consecução dos direitos inatos ao sujeito, de modo a ser inconteste seu caráter de direito fundamental.

Uma questão de aquilatada importância, todavia, há de ser suscitada. Referimo-nos à "Repartição das Receitas Tributárias", tema primacial disciplinado na Constituição Federal e estudado pormenorizadamente pelo Direito Financeiro.

Breve e apertado resumo, pois, haverá de ser aqui listado para que tenhamos maior clareza na explanação.

A Repartição de Receitas concerne tão-somente a relações havidas entre os entes federados, isto é, União, Estados-Membros, Distrito Federal e os Municípios, relações intergovernamentais, buscando, de certa maneira, oportunizar autonomia financeira dos entes públicos.

A par disso, nossa Carta Política utilizara-se de duas métricas para viabilizar a garantia linhas acima apontada, bem como acautelar a autonomia e independência financeira dos Entes Políticos: *(i) definira atribuições de competência tributária para cada Ente Político;* e *(ii) definira a repartição de receitas tributárias, particularizando e dividindo o produto da arrecadação.*

Grosso modo, a repartição de receitas tributárias se opera do Ente de maior magnitude repassando para o menor. Então, a União efetiva repasse para os Estados-Membros, Distrito Federal e Municípios. Os Estados-Membros, por seu turno, destinam verbas para os Municípios. E nessa senda, cumpre salientar que o Distrito Federal, assim como os Municípios apenas recebem repasse; não destinam recursos.

Duas são as formas de Repartição de Receita, concisamente: *(i) Repartição Direta, operando-se diretamente do Ente Público que arrecada, para o Ente Político beneficiado, sem intermediação. Não considera a interferência de qualquer índice ou parâmetro*; e *(ii) Repartição ou participação indireta, oportunidade onde a repartição não é repassada diretamente entre os Entes, mas os recursos são outorgados a um fundo intermediador.*

Urge alvitrar, por oportuno, que alguns impostos não se submetem à repartição de despesas. Nessa senda, na esfera Municipal, encontram-se o Imposto sobre a Transmissão de Bens *Inter Vivos* – ITBI,

Imposto Predial Territorial Urbano – IPTU e o Imposto Sobre Serviços de Qualquer Natureza – ISSQN. No âmbito dos Estados, não se submete à dita repartição de despesas o Imposto *Causa Mortis* e Doação – ITCMD. Por derradeiro, na competência federal, não restará repartido o produto vindouro do Imposto de Importação – II, Imposto de Exportação – IE, Imposto sobre Grandes Fortunas – IGF e Imposto Extraordinário de Guerra – IEG.

Malgrado, há tributos outros da União que, de igual sorte, não percebem a apontada repartição das ***receitas diretas*** de seu produto.

Nessa perspectiva, destaquemos o Imposto de Renda retido na fonte que incide sobre rendimentos pagos pelos Entes Públicos a seus servidores. As receitas sobrevindas de Imposto de Renda retido na fonte pelos Estados e Municípios, assim como suas autarquias e fundações, ficarão integralmente com os mesmos, isto é, com o Ente Político que o retivera na fonte.

A par disso aponta a inteligência dos artigos 157 e 158, da Constituição Federal. Vejamo-los:

> *(...)*
>
> *Art. 157. Pertencem aos Estados e ao Distrito Federal:*
>
> *I – o produto da arrecadação do imposto da União sobre renda e proventos de qualquer natureza, incidente na fonte, sobre rendimentos pagos, a qualquer título, por eles, suas autarquias e pelas fundações que instituírem e mantiverem;*
>
> *II – vinte por cento do produto da arrecadação do imposto que a União instituir no exercício da competência que lhe é atribuída pelo art. 154, I.*
>
> *(...)*

> *(...)*
>
> *Art. 158. Pertencem aos Municípios:*
>
> *I – o produto da arrecadação do imposto da União sobre renda e proventos de qualquer natureza, incidente na fonte, sobre rendimentos pagos, a qualquer título, por eles, suas autarquias e pelas fundações que instituírem e mantiverem;*
>
> *II – cinqüenta por cento do produto da arrecadação do imposto da União sobre a propriedade territorial rural, relativamente aos imóveis neles situados, cabendo a totalidade na hipótese da opção a que se refere o art. 153, § 4º, III;*
>
> *III – cinqüenta por cento do produto da arrecadação do imposto do Estado sobre a propriedade de veículos automotores licenciados em seus territórios;*
>
> *IV – vinte e cinco por cento do produto da arrecadação do imposto do Estado sobre operações relativas à circulação de mercadorias e sobre prestações de serviços de transporte interestadual e intermunicipal e de comunicação.*

Parágrafo único. As parcelas de receita pertencentes aos Municípios, mencionadas no inciso IV, serão creditadas conforme os seguintes critérios:

I - 65% (sessenta e cinco por cento), no mínimo, na proporção do valor adicionado nas operações relativas à circulação de mercadorias e nas prestações de serviços, realizadas em seus territórios;

II - até 35% (trinta e cinco por cento), de acordo com o que dispuser lei estadual, observada, obrigatoriamente, a distribuição de, no mínimo, 10 (dez) pontos percentuais com base em indicadores de melhoria nos resultados de aprendizagem e de aumento da equidade, considerado o nível socioeconômico dos educandos.

(...)

De se inferir, os enunciados prescritivos de índole constitucionais supra sublinhados dão conta de confirmar a assertiva de que o Imposto sobre a Renda e Proventos de Qualquer Natureza – IR, qualidade retido na fonte que incide sobre rendimentos pagos pelos Entes Públicos a seus servidores, não se submete à repartição, porquanto modalidade de ***receita direta***, repitamos.

De igual forma merece destaque o Imposto sobre os Produtos Industrializados – IPI. Consoante o artigo 159, inciso II[1], do Texto Maior, 10% (dez por cento) do produto por este imposto arrecadado, proporcionalmente ao valor das respectivas exportações de produtos industrializados, haverá de ser entregue aos Estados e ao Distrito Federal.

Significativo comando, todavia, traz o § 2º do mesmo enunciado prescritivo no que tange aos repasses empreendidos em favor dos Estados-Membros e, por isso, merece destaque. Ei-lo:

(...)

Art. 159 ...

§ 2º. Nenhuma unidade federada poderá receber parcela superior a vinte por cento do montante a que se refere o inciso II, devendo o eventual excedente ser distribuído entre os demais participantes, mantido, em relação a esses, o critério de partilha nele estabelecido.

(...)

De outra banda, os Estados-Membros haverão de recambiar 25% (vinte e cinco por cento) dos mencionados recursos, isto é, o *quantum* aferido pelo aquinhoamento do Imposto sobre os Produtos

1 Art. 159 - A União entregará: (...) II - do produto da arrecadação do imposto sobre produtos industrializados, dez por cento aos Estados e ao Distrito Federal, proporcionalmente ao valor das respectivas exportações de produtos industrializados.

Industrializados - IPI aos Municípios, proporcional as exportações, nos termos do art. 159, §3º, da CF, *in verbis*:

> *(...)*
>
> *§ 3º Os Estados entregarão aos respectivos Municípios vinte e cinco por cento dos recursos que receberem nos termos do inciso II, observados os critérios estabelecidos no art. 158, parágrafo único, I e II.*
>
> *(...)*

Alusivamente ao Imposto Territorial Rural - ITR, a mota de 50% (cinquenta por cento) da sua arrecadação será endereçado aos municípios donde os respectivos imóveis estiverem situados. Acaso os municípios, entretanto, optem por fiscalizar e cobrar o imposto em tela, fruirão de 100% (cem por cento) da arrecadação deste, conforme artigo 158, inciso II[2], da Constituição Federal - CF.

Tributo que, de igual sorte, merece atenção é o Imposto Sobre Operações de Crédito, Câmbio e Seguro, ou Relativas a Títulos ou Valores Mobiliários, nominado de Imposto sobre Operações Financeira - IOF e, nesse particular, incidente sobre o ouro.

O ouro, quando utilizado como ativo financeiro ou instrumento cambial, alcança a incidência do Imposto Sobre Operações de Crédito, Câmbio e Seguro, ou Relativas a Títulos ou Valores Mobiliários - Imposto sobre Operações Financeira - IOF na operação de origem, na localidade onde se dera, de modo que o produto da referida arrecadação, promovida pela União, há de ser partilhado. Nesse cenário, 30% (trinta por cento) do produto caberá aos Estados-Membros e 70% (setenta por cento) para os Municípios, consoante apregoa o artigo 153, § 5º[3] da Constituição Federal - CF.

No que concerne aos Impostos Residuais, a destinação de receita encontra arrimo no artigo 154 da Carta Suprema, senão vejamos:

> *(...)*
>
> *Art. 154. A União poderá instituir:*

---

2 II - cinquenta por cento do produto da arrecadação do imposto da União sobre a propriedade territorial rural, relativamente aos imóveis neles situados, cabendo a totalidade na hipótese da opção a que se refere o art. 153, § 4º, III.

3 § 5º O ouro, quando definido em lei como ativo financeiro ou instrumento cambial, sujeita-se exclusivamente à incidência do imposto de que trata o inciso V do «caput» deste artigo, devido na operação de origem; a alíquota mínima será de um por cento, assegurada a transferência do montante da arrecadação os seguintes termos: I - trinta por cento para o Estado, o Distrito Federal ou o Território, conforme a origem; II - setenta por cento para o Município de origem.

> *I - mediante lei complementar, impostos não previstos no artigo anterior, desde que sejam não-cumulativos e não tenham fato gerador ou base de cálculo próprios dos discriminados nesta Constituição;*
>
> *II - na iminência ou no caso de guerra externa, impostos extraordinários, compreendidos ou não em sua competência tributária, os quais serão suprimidos, gradativamente, cessadas as causas de sua criação.*
>
> *(...)*

Importa amentar que, consoante o artigo 157, inciso II[4], da Constituição Federal - CF, 20% (vinte por cento) da receita granjeada com os Impostos Residuais será diretamente repassada aos Estados-Membros e ao Distrito Federal.

Ainda sob o domínio legislativo da União, havemos de trazer à sirga a Contribuição de Intervenção no Domínio Econômico sob o Petróleo - CIDE PETRÓLEO, alusiva a atividades de importação ou, de igual sorte, comercialização de petróleo e seus derivados, gás natural e seus derivados, álcool combustível, conforme prevista no artigo 177, §4º da Constituição Federal. Atentemos:

> *(...)*
>
> *Art. 177. Constituem monopólio da União:*
>
> *§ 4º A lei que instituir contribuição de intervenção no domínio econômico relativa às atividades de importação ou comercialização de petróleo e seus derivados, gás natural e seus derivados e álcool combustível deverá atender aos seguintes requisitos:*
>
> *I - a alíquota da contribuição poderá ser:*
>
> *a) diferenciada por produto ou uso;*
>
> *b)reduzida e restabelecida por ato do Poder Executivo, não se lhe aplicando o disposto no art. 150,III, b ;*
>
> *II - os recursos arrecadados serão destinados:*
>
> *a) ao pagamento de subsídios a preços ou transporte de álcool combustível, gás natural e seus derivados e derivados de petróleo;*
>
> *b) ao financiamento de projetos ambientais relacionados com a indústria do petróleo e do gás;*
>
> *c) ao financiamento de programas de infra-estrutura de transportes.*
>
> *(...)*

Não obstante a isso, premente observar que, consoante a inteligência do artigo 159, inciso III da Lei Maior, a União há de conferir aos

---

4 II - vinte por cento do produto da arrecadação do imposto que a União instituir no exercício da competência que lhe é atribuída pelo art. 154, I.

Estados-Membros e Distrito Federal 29% (vinte e nove por cento) dos recursos capitados por meio da Contribuição de Intervenção no Domínio Econômico – CIDE, de modo a destinar, tal monte, à melhoria de infraestrutura de transportes. Vejamos o que estampa nossa Carta Excelsa:

> *(...)*
>
> *Art. 159. A União entregará:*
>
> *III – do produto da arrecadação da contribuição de intervenção no domínio econômico prevista no art. 177, § 4º, 29% (vinte e nove por cento) para os Estados e o Distrito Federal, distribuídos na forma da lei, observada a destinação a que se refere o inciso II, c , do referido parágrafo.*
>
> *§ 1º Para efeito de cálculo da entrega a ser efetuada de acordo com o previsto no inciso I, excluir-se-á a parcela da arrecadação do imposto de renda e proventos de qualquer natureza pertencente aos Estados, ao Distrito Federal e aos Municípios, nos termos do disposto nos arts. 157, I, e 158, I.*
>
> *§ 2º A nenhuma unidade federada poderá ser destinada parcela superior a vinte por cento do montante a que se refere o inciso II, devendo o eventual excedente ser distribuído entre os demais participantes, mantido, em relação a esses, o critério de partilha nele estabelecido.*
>
> *§ 3º Os Estados entregarão aos respectivos Municípios vinte e cinco por cento dos recursos que receberem nos termos do inciso II, observados os critérios estabelecidos no art. 158, parágrafo único, I e II.*
>
> *§ 4º Do montante de recursos de que trata o inciso III que cabe a cada Estado, vinte e cinco por cento serão destinados aos seus Municípios, na forma da lei a que se refere o mencionado inciso.*
>
> *(....)*

No que diz respeito aos impostos alocados na competência dos Estados-Membros, especial destaque merece o Imposto sobre a Circulação de Mercadorias e Serviços – ICMS. Por força do artigo 158, inciso IV da Constituição Federal – CF, os Estados-Membros haverão de passar aos Municípios 25% (vinte e cinco por cento) do produto de sua arrecadação.

O valor em comento será distribuído entre os Municípios conforme proporções e critérios próprios devidamente delineados no parágrafo único do artigo 158 da Carta Supina, sem prejuízo de comandos outros eventualmente listados em lei estadual. Vejamo-lo:

> *(...)*
>
> *Art. 158. Pertencem aos Municípios:*
>
> *IV – vinte e cinco por cento do produto da arrecadação do imposto do Estado sobre operações relativas à circulação de mercadorias e sobre prestações de serviços de transporte interestadual e intermunicipal e de comunicação.*
>
> *Parágrafo único. As parcelas de receita pertencentes aos Municípios, mencionadas no inciso IV, serão creditadas conforme os seguintes critérios:*
>
> *(...)*

E a questão por aqui não se encerra. Merece destaque o Imposto sobre a Propriedade de Veículos Automotores – IPVA. Conforme a inteligência do artigo 158, inciso III da Carta Política, 50% (cinquenta por cento) do produto da sua arrecadação pertence aos Municípios, senão vejamos:

> *(...)*
>
> *Art. 158. ...*
>
> *III – cinqüenta por cento do produto da arrecadação do imposto do Estado sobre a propriedade de veículos automotores licenciados em seus territórios;*
>
> *(...)*

Outro tema de graduada importância se refere ao **Fundo de Participação dos Estados e do Distrito Federal – FPE**. Consoante os predicamentos, a do artigo 159, I, alínea "a", da Constituição Federal – CF, 21,5% (vinte e um inteiro e cinquenta décimos por cento) da receita arrecadada com o Imposto sobre a Renda e Proventos de Qualquer Natureza – IR e com o Imposto Sobre Produtos Industrializados – IPI, haverão de ser repassados pela União aos Estados e Distrito Federal.

O repasse em comento é efetivado, justamente, através do apontado Fundo de Participação dos Estados e do Distrito Federal – FPE.

A distribuição dos recursos vindouros do Fundo de Participação dos Estados e do Distrito Federal – FPE, deve encontrar proporcionalidade com o coeficiente individual de participação resultante do produto do fator representativo da população de cada Estado.

Os índices de repasse do fundo em comento são calculados pelo Tribunal de Contas da União, conforme determinado pelo artigo 5º da Lei Complementar nº 62/1.989, de modo a utilizar como fatores a população e o universo da renda *per capita*.

Há de se indagar, nesse particular: *como se dá o* modus operandi *da distribuição em análise?*

Dilucidemos. Conforme se comunique o recolhimento de monta pecuniária a título de Imposto sobre a Renda e Proventos de Qualquer Natureza – IR, bem como de Imposto Sobre Produtos Industrializados – IPI, para escrituração na Conta Receita da União, o Banco do Brasil há de providenciar para que o percentual destinado ao Fundo de Participação dos Estados e do Distrito Federal – FPE seja prontamente creditado em favor dos Estados e Distrito Federal.

Obtemperemos, entretanto, que do valor em debate, exclui-se o valor pago à título de Imposto sobre a Renda e Proventos de Qualquer Natureza – IR, retido na fonte, porquanto já captado pelos Entes que, no exercício da capacidade tributária ativa que lhes fora delegada, já os retiveram.

De igual sorte, merece atenção o **Fundo de Participação dos Municípios - FPM**. Tal-qualmente ao **Fundo de Participação dos Estados e do Distrito Federal - FPE**, consiste no modo pelo qual a União repassa aos Municípios da Federação as verbas que lhes são atinentes, cujo percentual considera, mormente, a proporção do número de habitantes apontado pelo **Instituto Brasileiro de Geografia e Estatística - IBGE.**

Consoante as prescrições do Decreto-Lei nº 1.881/1.981, cada fração de população fomenta a determinação dos coeficientes de distribuição do Fundo de Participação dos Municípios - FPM, de modo a matizar em dezesseis faixas até o limite de 156.216 (cento e cinquenta e seis mil, duzentos e dezesseis) habitantes. Entretanto, de se destacar que acima do número em destaque, o coeficiente máximo torna-se fixo.

Conforme pesquisa promovida pelo Instituto Brasileiro de Geografia e Estatística - IBGE nos anos 2.000, estima-se que, à época, o Fundo de Participação dos Municípios - FPM fora responsável por 57,3% (cinquenta e sete inteiros e trinta décimos por cento) das receitas disponíveis das prefeituras de Municípios com até cinco mil habitantes.

Quadra mirar, portanto, o quão importante se faz atinar à distribuição de receitas obtidas pelo tributo. Daí porque, então, trouxemos o arcabouço basilar de tal operação constitucionalmente desenhada.

Em breve síntese, as receitas financeiras - *receita originária, receita derivada e receita transferida* - desempenham importante papel, qual seja, levar dinheiro aos cofres públicos. A partir de então, o *quantum* colhido, e nos concentremos, aqui, no tributo, modalidade de receita derivada, é distribuído na sociedade, valendo-se, para tanto, da Lei Orçamentária Anual - LOA, instrumento ejetor de recursos na sociedade, no afã de atender aos reclamos e necessidade sociais.

3.2. O *modus operandi* da repartição das receitas. Linhas gerais

Importa salientar, por oportuno, que a repartição das receitas financeiras, tema de grande importância social, e, consequentemente, da mais alta estofa jurídica, exibe particular maneira de se manifestar, evidentemente que, sempre, nos moldes trazidos em lei.

Não nos cabe, neste átimo, trazer à colação os pormenores atinentes à questão ora apresentada, porquanto não seja, este, o objetivo do labor em destaque e, consequentemente, o momento mais indicado e proveitoso para tanto.

Com efeito, julgamos que breve noção, concorrerá em favor da ideia que buscamos demonstrar, o que nos impõe trazer, ao menos, breve e diminuta noção sobre o instituto algures apontado.

Dito isto, admitamos a repartição das receitas como o fracionamento, entre os Entes Políticos da Federação, do produto da arrecadação dos tributos. Dito de outra maneira, um Ente federativo capta determinada monta a título de tributo e, então, divide-a com outros Entes Políticos.

Há de se esclarecer, por oportuno, que de geral os Entes Políticos arrecadam determinada monta a título de tributo e mantêm-se de posse do produto arrecadado. Isso porque o *quantum* recolhido, sabemos, perfaz qualidade de meio econômico necessário para o cumprimento das obrigações estatais de níveis constitucional e infraconstitucional.

Com efeito, conforme visto no tópico antepositivo, por ordem constitucional, há de se partilhar uma fração da arrecadação, manobra fiscal, esta, que será levada a termo nos padrões legais acima mencionados.

Vale lembrar, porquanto, vez ou outra confundidos, que não há de se misturar os institutos da "competência tributária" e da "repartição das receitas tributárias".

É sabido que a competência tributária exibe uma série de características das quais se vê, com hialina clareza, que seu exercício não suporta cisões. É, pois, indivisível; não se divide a competência tributária. O que pode e, por ordem excelsa, deve ser fracionada é o produto da arrecadação. Este instituto jurídico, diferentemente daquel'outro, suporta fracionamento.

A guisa de esclarecimento, a repartição de receitas tributárias dar-se-á de duas maneiras: *(i) partilha direta, oportunidade onde esta é realizada pelo próprio ente detentor da competência tributária;* e *(ii) partilha indireta, onde o mecanismo em relevo se opera por meio de fundos.*

Resta notar, neste particular, que a repartição das receitas se opera, impreterivelmente, de maneira vertical, de modo que, por assim, a União repassa produto vindouro da arrecadação tributária aos Estados-Membro e Distrito Federal[5] e para os Municípios[6]. Os Estados-Membro, por seu turno, repassam o produto da arrecadação aos Municípios[7]. O contrário não há de se operar, notemos.

De toda sorte, resta evidente que a repartição das receitas tributárias se assenta na qualidade de importantes instrumentos de alcance das promessas constitucionais que, de final, primam pela consecução da dignidade da pessoa humana.

---

5 Artigos 157 e 159, inciso I, alínea *a* da Constituição Federal.

6 Artigo 159, inciso I, alíneas *b* e *d*, da Constituição Federal.

7 Artigo 158 da Constituição Federal.

3.3. A aplicação do produto do tributo como meio de consecução da dignidade da pessoa humana

Como vimos demonstrando ao longo deste capítulo, a arrecadação da monta concernente ao tributo, bem como sua destinação, incluindo-se, neste átimo, a repartição da indigitada receita, é de pujante importância para o alcance dos axiomas sociais consagrados na Carta Política.

É por meio desse caminho que se financia os direitos fundamentais consagrados a cada um dos cidadãos. Em razão disto, pois, consideramos de aguda relevância apontar a destinação dada a tais somas nos Orçamentos Públicos, isto é, vislumbrar as destinações pecuniárias listadas nas Leis Orçamentárias Anuais dos Entes Políticos.

Entretanto, havemos de sublinhar que, por evidente, trazemos à colação algumas Pessoas Políticas, já que o que se buscam neste momento, é traçar breve noção sobre a aplicação do dinheiro colhido a título de tributo. Não se intenciona, por evidente, buscar exemplos à exaustão.

Dito isto, atentemos, exordialmente a trecho do Orçamento Público apresentado pelo Município de São Paulo no exercício financeiros de 2.022[8].

RECEITAS CORRENTES	
IMPOSTOS, TAXAS E CONTRIBUIÇÕES DE MELHORIA	43.692.130.381
CONTRIBUIÇÕES	761.441.687
RECEITA PATRIMONIAL	1.360.617.090
RECEITA DE SERVIÇOS	74.957.865
TRANSFERÊNCIAS CORRENTES	19.927.977.428
OUTRAS RECEITAS CORRENTES	2.390.883.334
IMPOSTOS, TAXAS E CONTRIBUIÇÕES DE MELHORIA	2.059.344
OUTRAS RECEITAS CORRENTES INTRAORÇAMENTÁRIAS	83.688.269
	68.293.755.398
Total:	**68.293.755.398**

8 Lei Orçamentária Anual – LOA 2022, *in*, https://orcamento.sf.prefeitura.sp.gov.br/orcamento/uploads/2022/Volume3_DemonstrativosOrgaos.pdf

De se notar, os tributos compõem qualidade de receita nominada, no Orçamento Público em relevo, de **Receitas Correntes.** Também facilmente verificável, tal elemento é forjado por impostos, taxas e contribuições de melhoria. Logo abaixo, nota-se, também, a presença das contribuições, igualmente qualidade de tributo.

No que diz respeito às primeiras figuras tributárias, quais sejam, os impostos, taxas e as contribuições de melhoria, nota-se que fora captado a monta de R$43.692.130.351,00 (quarenta e três bilhões, seiscentos e noventa e dois milhões, cento e trinta mil e trezentos e cinquenta e um Reais). Quantia deveras avolumada que se soma a mais R$ 761.441.687,00 (setecentos e sessenta e um milhões, quatrocentos e quarenta e um mil, seiscentos e oitenta e sete Reais) a serem distribuídos em forma de políticas efetivadas em favor da sociedade.

Somadas a outras espécies de **Receitas Correntes,** o Estado alcançara o volume de R$ 68.293.755.398,00 (sessenta e oito bilhões, duzentos e noventa e três milhões, setecentos e cinquenta e cinco mil, trezentos e noventa e oito Reais).

Perfaz quantia que, administrada com esmero, nos parece ser suficiente para fazer frente a uma série de direitos fundamentais que, não raramente, vê-se ultrajados pela condução da coisa pública.

Dito isto, passemos a analisar, também, o Orçamento do Município do Rio de Janeiro.

Rio

ANEXO I

RESUMO DA RECEITA DOS ORÇAMENTOS FISCAL E DA SEGURIDADE SOCIAL POR CATEGORIA ECONÔMICA, SEGUNDO A ORIGEM DOS RECURSOS

RECURSOS DE TODAS AS FONTES R$ 1

ESPECIFICAÇÃO	VALOR
1 RECEITAS DO TESOURO	**31.885.259.568**
1.1 RECEITAS CORRENTES	**30.647.005.884**
IMPOSTOS, TAXAS E CONTRIBUICOES DE MELHORIA	15.175.712.502
CONTRIBUICOES	411.838.093
RECEITA PATRIMONIAL	2.274.356.520
RECEITA INDUSTRIAL	
RECEITA DE SERVICOS	60.389.557
TRANSFERENCIAS CORRENTES	12.241.500.828
OUTRAS RECEITAS CORRENTES	483.208.384
1.2 RECEITAS DE CAPITAL	**1.238.253.684**
OPERACOES DE CREDITO	974.550.058
ALIENACAO DE BENS	66.031.981
AMORTIZACAO DE EMPRESTIMOS	
TRANSFERENCIAS DE CAPITAL	197.671.615
OUTRAS RECEITAS DE CAPITAL	
2 RECEITAS DIRETAMENTE ARRECADADAS PELAS AUTARQUIAS E FUNDAÇÕES	**6.350.694.363**
2.1 RECEITAS CORRENTES	**6.300.240.869**
2.2 RECEITAS DE CAPITAL	**50.453.494**
3 RECEITAS DE GERAÇÃO PRÓPRIA DAS EMPRESAS E SOCIEDADES DE ECONOMIA MISTA	**1.617.735.623**
3.1 RECEITAS CORRENTES	**1.617.518.426**
3.2 RECEITAS DE CAPITAL	**217.197**
TOTAL	**39.853.689.554**

No caso do Município do Rio de Janeiro, outra sorte não se encontra. As **Receitas Correntes**, sub receita alocada como qualidade de **Receitas do Tesouro**, é, de igual feita, constituída por impostos, taxas e contribuições de melhoria. E assim como se opera no Município de São Paulo, nota-se, igualmente, a presença das contribuições, igualmente qualidade de tributo.

Atentando ao indigitado documento legal, nota-se que, a título de **Receitas Correntes,** o Município do Rio de Janeiro alcançara a monta de R$30.647.005.884,00 (trinta bilhões, seiscentos e quarenta e sete milhões cinco mil oitocentos e oitenta e quatro Reais)

Conquanto já dito oportunamente, insta salientar que não nos cabe analisar, sequer rudimentarmente, o Orçamento Público de Ente Político algum, porquanto não seja este o mote do trabalho em relevo.

Busca-se, neste tópico, apontar a relevante monta arroteada pelos Entes Políticos e que devem ser dispostos, mediata ou imediatamente, em favor da sociedade.

Nota-se, claramente, dilatada captação de recursos e, por isso, de forma absolutamente satisfatória. Com efeito, apesar de avolumando montante pecuniário, o resultado seria súpero acaso a administração da coisa pública e, consequentemente a gestão fiscal, fossem mais eficientes, bem como a legislação infraconstitucional, em todos os seguimentos fiscais, não se mostrasse vetusta e praticamente debalde.

A incumprimento de elementos tão caros à sociedade, provocam a inefetividade da cobrança do crédito tributário, fazendo surgir a importância de um programa de *compliance* na qualidade de instrumento de política fiscal e sua aplicabilidade na Administração Tributária, tema, aliás, deste trabalho.

CAPÍTULO 4

ADMINISTRAÇÃO TRIBUTÁRIA. TRAÇOS PANORÂMICOS

Conforme consignamos alhures, vocábulo "administrar", proveniente do latim *administrare*, encerra a ideia de *"gerir (os negócios públicos ou particulares); administrar a justiça, fazer justiça (especialmente falando do poder judicial); administrar um sacramento, conferi-lo; dar, propinar; administrar um remédio"*[1] (Grifos postos)

No diapasão do significado escolhido, quaisquer das acepções que o ser cognoscente selecione, a palavra "administrar" restará imbricada à noção de conduzir algo. Por conta disso o verbete propala como significações iniciais "gerir negócios", não apenas particulares, mas, de igual sorte, públicos.

Apresenta-se, pois, as diretivas vestibulares dos conceitos concebidos no tocante à Administração Pública. E nesse passo, mister se faz atentar às lições de Owaldo Aranha Bandeira de Mello[2], que esmerado com a etimologia do termo, clareja que o vocábulo em comento,[3] exibe duas facetas da expressão. Uma dimana da junção de *ad*[4], *ministro* e *are*[5]e; a segunda, difluiria de *ad manus trahere*, que indica a ideia de dirigir ou gerir, o que testifica as linhas propedêuticas desse trabalho.

Inadiável apontar, de todo modo, que o conceito de Administração Pública evoluíra com o caminhar do tempo. Enceta com "Escola de Serviço Público" tal-qualmente conhecida como "Escola de Bordeaux", regida por Leon Duguit[6] e Gaston Jèze[7], passando pela Escola do Poder Executivo, Escola do Critério das Relações Jurídicas, Escola do Critério Teleológico, Escola do Critério Negativo ou Residual, redundando, por derradeiro, na Escola do Direito Administrativo, contemporaneamente utilizada.

---

1 AULETE, Francisco Júlio de Caldas – Dicionário contemporâneo da Língua Portuguesa, Volumes 1 ao 5, Editora Delta, 2ª edição, Rio de Janeiro, 1.964, Volume 1, p. 91.

2 *Passim*.

3 *Passim*.

4 Preposição.

5 Verbo que significa servir.

6 Pierre Marie Nicolas Léon Duguit foi um jurista francês. Um dos maiores nomes do Direito Público.

7 Acadêmico francês. Foi consultor jurídico do Imperador Haile Selassie, da Etiópia.

De se saber, o vocábulo "administração", assim como "administrar", sofre do mal da ambiguidade por polissemia. E o efeito desta experimentado, espelha inelutavelmente o conceito de Administração Pública.

Nessa trilha, a mais distinta doutrina labora majoritariamente com dois conceitos, a saber: *(i) Administração Pública no seu sentido subjetivo;* e *(ii) Administração Pública na sua vertente objetiva.*

Em breve bosquejo, o aspecto subjetivo da Administração Pública, de igual modo chamada de formal ou orgânico, congloba a ideia de um pugilo de órgãos e entidades que forjam a estrutura do Estado, tendo sua atuação insofreavelmente voltada para satisfação do interesse público.

No que diz respeito ao aspecto objetivo oportunamente apontado, nominado, de igual sorte, de material ou funcional, tem-se, na ideia de Administração Pública, o conjunto de atividades por esta exercidas.

As referidas ideias exordialmente exibidas, revelam-se de substancial importância para a reflexão aqui apresentada. Isso porque a "Administração Tributária", tema central do labor em análise, se posta como uma irrefragável redundância da ideia geral de Administração Pública.

Por outros torneios, indica dizer que é a manifestação da Administração Pública nas raias do Direito Tributário. Daí porque julgamos indispensável trazer à sirga tais reflexões.

Tecidas tais observações, de se sublinhar, porquanto cediço, que qualquer ato de administração do Estado se mostra incontestavelmente afanoso. A gestão pública, sabemos, é naturalmente, uma seara árida e abrolhosa. E, assim, na esfera fiscal, outra sorte não haveria de se notar.

A Administração Tributária é onusta em minudências, o que sobreleva profusamente as questões e os problemas ínsitos à burocracia, todos imbricados a um pugilo de textos de Direito Positivo.

Os empecimentos surgem, exordialmente, à proporção em que se depara com instrumentos legislativos avoengos e de pouca eficiência. Por óbvio que a condução da Administração Tributária dar-se-á, por ordem constitucional, através de atividade legiferante, em homenagem e respeito ao excelso princípio da legalidade, o que a torna naturalmente vagarosa e repleta de entraves, por vezes, nímios.

Nesse quadro, elementos outros erguem-se em socorro da gestão que, desta feita, podem ser utilizados na condução da Administração Pública, mormente no que tange à Administração Tributária.

É rigorosamente o caso do *compliance,* elemento originário dos programas de Governança Corporativa. Com efeito, para que possamos notar, deveras, os efeitos que a adoção de programas dessa magnitude pode trazer à Administração Tributária, cabe, antes de tudo, atentar brevemente, ao arcabouço desta no sistema jurídico positivo pátrio. É o que faremos doravante.

4.1. Administração Tributária no sistema jurídico tributário brasileiro. Breve análise

Como dissemos alhures, o símbolo[8] "administração" indica ato de administrar, gerir. De maneira geral, se traduz na sistematização de práticas leitas e utilizadas na condução de algo de titularidade do indivíduo ou de outrem.

No entanto, a condução supra destacada há de consubstanciar objetivos efetivamente delineados, sob pena de, em assim não sendo, redundar na qualidade de instrumento irrefragavelmente debalde.

Por conta disto, pois, falar em "administração" ou ato de "administrar", funde-se, amiudadamente com a ciência de "Administração de Empresas". Insta frisar, por oportuno, que não se tem, aqui, um erro crasso, mas a locução somente faz sentido na medida em que se nota esforços humanos devidamente organizados com o fito de atingir dado objetivo.

Tal pressuposto, então, há de ser conduzido a todas as esferas em que se utilizar dos instrumentais da administração, em toda situação em que administrar algo se fizer imperioso.

Nesse passo, a Administração Tributária encontra, inexoravelmente, a mesma sorte. Os instrumentos nesta lobrigados haverão de ser manuseados com o fito de conduzir adequadamente a capitação de recursos advindos dos tributos. Desta sorte, de forma direta ou indireta, busca-se, sempre, a obtenção de recursos difluentes dos tributos.

Em virtude disto, o legislador, a partir do artigo 194 do *Codex* Tributário brasileiro utiliza-se de uma série de regras a serem observadas no que tange à Administração Tributária.

Quadra observar, por se fazer mister, que o instrumento vestibularmente cuidado no referido diploma é o ato de fiscalização. De se aferir em rápida leitura do artigo 3º do Código Tributário Nacional - CTN, o tributo será cobrado mediante "atividade administrativa plenamente vinculada".

Avista-se de forma inexorável, pois, um ato administrativo que, desta feita, há de ser calcado pelo constitucional princípio da legalidade, conforme oportunamente dito. Resta justificado, nessa senda, a promo-

8 O "símbolo", na Semiótica, indica espécie de signo que se afeiçoa aos vocábulos.

ção de esmerado estudo sobre a Administração Tributária, apontado, inclusive, largo encadeamento de regras atinentes o assunto.

Como cediço, o lançamento tributário é modalidade de ato administrativo vinculado, tendente a constituição do crédito tributário. Assim noticia o artigo 142 do Codex Tributário pátrio, concatenado com a redação derradeira do artigo 3º do mesmo diploma, conforme já apontamos oportunamente.

Todavia, é de geral conhecimento que, de quando em vez, um dado evento social que, para se tornar um fato tributário imponível, deveria ser submetido ao lançamento por homologação e não o é, resta, tal feito, ao arbítrio do Fisco, isto é, o Estado acaba por assumir a função de fazê-lo no lugar do sujeito originalmente instado a agir.

Situações desta qualidade se dão nas auditorias fiscais carreadas pelas autoridades administrativas, oportunidade onde aquel'outros são, daí em diante, promovidos mediante os atos de fiscalização. E os tributos que outrora seriam constituídos mediante lançamento por homologação são, agora, firmados por lançamento de ofício.

É exemplo teso de prática administrativa que objetiva o angariamento de recursos dos particulares para serem destinados aos Cofres Públicos e, por conta disso, conduzidos por lei.

Não obstante a isso, outro elemento de supina importância soergue-se. Trata-se das Certidões Negativas plasmadas a partir do artigo 205 do Código Tributário Nacional - CTN.

Em um abeiramento rudimentar, diz respeito a documento de estofa oficial que atesta e confere se determinada pessoa física ou jurídica se mantém dívida de natureza fiscal para com a Administração Pública.

Em caso positivo, isto é, acaso o sujeito deveras demonstre ter dívida fiscal, a Fazenda Pública deverá exarar tal documento indicando e assinalando sua exigibilidade. De contrário, confeccionará Certidão Negativa de Débito que tem o escopo de demonstrar que o contribuinte não possui dívidas para com a Administração Pública.

Merece detida atenção seu prazo de validade. De se saber, a Certidão de Regularidade Fiscal possui validade de 180 (cento e oitenta) dias, podendo, contudo, ser cancelada antes de findo o prazo assinalado. Quanto sua expedição, o prazo a ser observado é de 10 (dez) dias a partir do seu requerimento, de modo que, em contrário, abre-se azo para a impetração de Mandado de Segurança.

Insta salientar que na concepção do Supremo Tribunal Federal - STF, é inconstitucional a exigência de Certidão de Regularidade Fiscal de qualquer natureza para que se permita o funcionamento de uma pessoa jurídica. Tal exigência agride frontalmente a liberdade ao exercício empresarial. Tratar-se-ia, ao assim permitir, coadunar com deturpado uso da máquina pública, exacerbando, inclusive, o Poder de Império que sobre o Estado repousa.

Repisemos, nos parece ser uso indevido de prerrogativa do Estado para compelir o contribuinte ao pagamento de tributo. Conforme desenhado no artigo 3º do Código Tributário Nacional - CTN, o tributo é, em si mesmo, compulsório. Exigir Certidão de Regularidade Fiscal nessas circunstâncias depõe contra os direitos fundamentais dos contribuintes, confirmando a ideia de que a Administração Tributária exibida, nos dias que correm, é engelhada e ineficaz, conforme alhures frisado.

De se perceber, o mesmo não se aplica nos casos de licitação pública. No caso desta, se pode exigir Certidão Negativa de Débito fiscal - CND para determinada pessoa jurídica que pretenda participar de um certame público desta qualidade, porquanto o objeto social da empresa possa ser de outras maneiras explorado, além do objeto do contrato público que se pretende formalizar com a Administração Pública.

Malgrado, contrário ao que se vê na situação predecessora, tem-se, nesta oportunidade, exemplo de uso razoável e adequado da Administração Tributária. Nota-se o prestígio da supremacia do interesse público sobre o privado, já que a relação a ser instalada após um processo licitatório é de natureza pública. De interesse coletivo, então. Em casos dessa magnitude, imperioso se faz, deveras, a exigência de Certidão Negativa de Débito fiscal - CND para escudar minimamente os interesses públicos. Repisemos, então, que aqui temos um bom uso da Administração Tributária. Assim entendemos.

Calcorreando nesse caminho, mister se faz sublinhar que há débitos que, apesar de assim serem, representam situação regular à empresa por estarem garantidos integralmente por expedientes como a penhora, por exemplo. Aliás, é cláusula de suspensão da exigibilidade do crédito tributário, como de geral conhecimento.

Sem prejuízo disto, importante questionamento há de ser trazida à colação: *como se opera casos em que a dívida ativa fora inscrita em Certidão de Dívida Ativa - CDA, mas não houvera, ainda, ajuizamento de execução fiscal?*

Concernente ao assunto, o Superior Tribunal de Justiça - STJ, no julgamento do Resp 1.123.669, decidira que assiste direito o contribuinte que manejar ação com objetivo único de ofertar bens e com isso obter a Certidão Positiva com Efeito de Negativa - CPEN.

Em apertado resumo, percebe-se que a Administração Tributária, gerida por instrumentos legislativos, caminha, ainda, por intermédio de instrumentos legislativos conservantistas, depondo, muita vez, contra eficiência pretendida e prometida pela Constituição Federal. Neste átimo, encontra lugar e utilidade a Governança Corporativa, bem como o *compliance,* elemento desta vindouro, assuntos a serem oportunamente tratados neste trabalho.

4.2. Do tributo inadimplido e seus reflexos na Administração Tributária

Antes de tudo, há de se consignar, por se fazer necessário, a noção construída acerca de inadimplência, partindo, para isso, de sua concepção mais rudimentar.

Destarte, o vocábulo "inadimplência", substantivo feminino, indica, grosso modo, a ideia de *"falta de cumprimento de uma obrigação"*.

De se notar, todavia, o significado indicado não distingue se o descumprimento em tela se dá por mera inadimplência ou por fraude, simulação, sonegação; se há uma inobservância da lei por dolo ou culpa.

De toda sorte, o que se observa é a entrada diminuta de pecúnia no Erário, seja por um motivo, seja por outro.

Com breve leitura efetuada sobre o já mencionado artigo 3º do Código Tributário Nacional – CTN, claramente se nota que o tributo, em linhas finais, implica em cobrança pecuniária feita pelo Estado em face do cidadão, aqui revestido de contribuinte, que, conquanto compulsória, não está de forma imediata encadeada com as benesses promovidas pelo Governo em face dos utentes.

A carga tributária no Brasil, não obstante complexa, é deveras pesada, sabemos. Consoante dados da Receita Federal do Brasil, a carga tributária bruta no Brasil no ano de 2018 atingira a monta de R$ 2,29 trilhões. Em contranota, estudo capitaneado pelo Sindicato Nacional dos Procuradores da Fazenda Nacional estima sonegação que entorna a magnitude de R$ 626,8 bilhões no mesmo ano[9].

Nessa senda, é de se notar que o valor sonegado conforma aproximadamente 27% (vinte e sete por cento) do montante arrecadado, o que concorre irrefragavelmente para o desequilíbrio das contas públicas.

Traçando observações concernentes à União, isto é, no que diz respeito à dívida ativa no que toca a mesma, o quadro é tal-qualmente preocupante. Conforme a Procuradoria Geral da Fazenda Nacional – PGFN,

9 http://www.quantocustaobrasil.com.br/artigos/sonegacao-no-brasiluma-estimativa-do-desvio-da-arrecadacao-do-exercicio-de-2018.

o índice de regularidade da dívida ativa dos contribuintes classifica-os como "A" e "B".

Dito de outra maneira, daqueles com supina capacidade contributiva, percebe-se uma faixa absolutamente estreita, atingindo níveis que troneiam 55% (cinquenta e cinco por cento) de indivíduos.

Nota-se, pois, que débitos na monta de R$ 390 bilhões, aproximadamente, não estão garantidos, parcelados ou sequer em discussão judicial, ainda que titularizados por contribuintes com inexoráveis condições de fazê-lo.

Tem-se, pois, um aceno de que o atual arquétipo de cobrança não traz estímulos suficientes para a regularização.

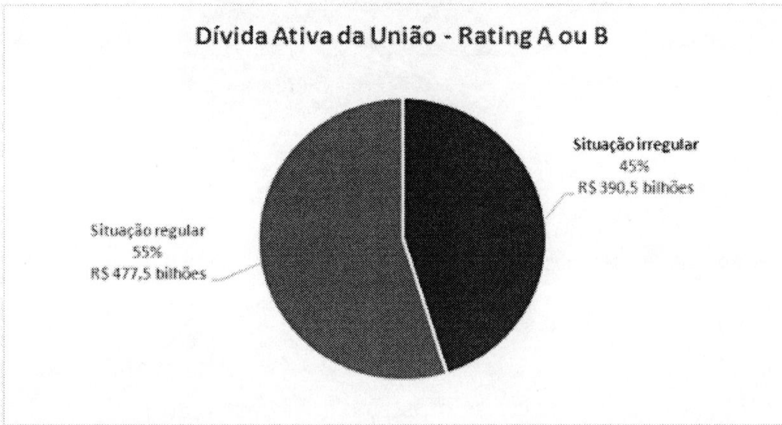

Fonte: DW PGFN - base fevereiro de 2021

O gráfico acima em relevo dá conta de que o elevado nível de irregularidade na Dívida Ativa da União se opera no país como um todo, de modo que, no Estado de Sergipe, por exemplo, o índice alcança 77% (setenta e sete por cento).

Exceção se faz ao Estado do Rio de Janeiro. Em todas as demais Unidades da Federação, anota-se índices de irregularidade superior a 40% (quarenta por cento), mesmo quando se toma por base apenas créditos classificados com *rating* "A" ou "B".

O problema em apreço não se opera isoladamente. Trata-se de nefasto quadro que assola as pessoas físicas e, de igual sorte, as pessoas jurídicas.

De outra mão, conquanto o índice de irregularidade das pessoas físicas se mostre superior relativamente, seus efeitos nas contas públicas são decididamente menores, já que o montante devido em situação irregular, que é de R$ 28,9 bilhões, é sensivelmente inferior em relação àquele titularizado pelas pessoas jurídicas, que alcança a cifra de R$ 361,6 bilhões.

Explicitando o que vimos falando, atentemos ao gráfico infra destacado:

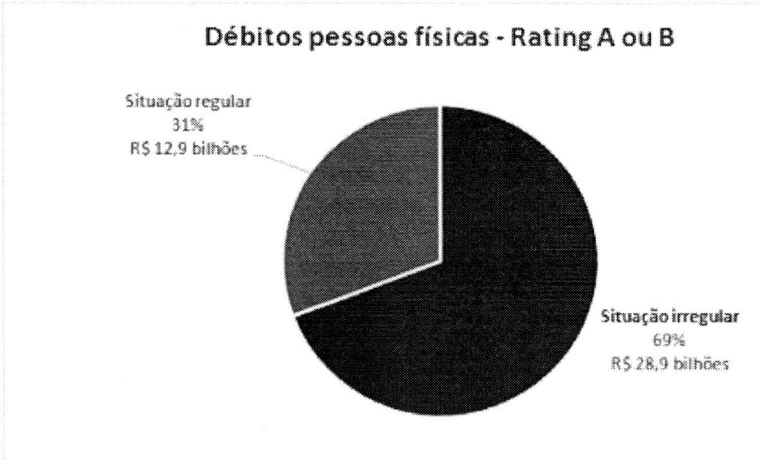

Fonte: DW PGFN - base fevereiro de 2021

De igual importância se mostra o gráfico a seguir:

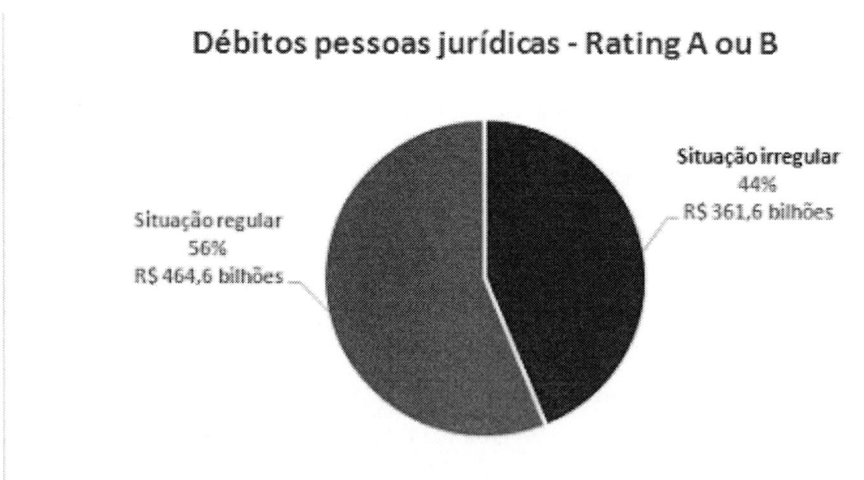

Fonte: DW PGFN - base fevereiro de 2021

Atentando com detença devida aos débitos exibidos pelas pessoas jurídicas classificadas como "A" e "B", nota-se, com limpidez, que a inadimplência se centraliza nas grandes e médias empresas, o que não indica dizer que a situação não resvale nas empresas de pequeno porte.

Nesse diapasão, nota-se que nas pequenas empresas a inadimplência chega na esfera de 79% (setenta e nove por cento), quando se compara às empresas de pequeno porte 9% (nove por cento) e microempresas 12% (doze por cento).

Com efeito, no que tange à regularidade, o quadro que se desenha diante das pequenas empresas é de maior sensibilidade porquanto 75% (setenta e cinco por cento) de seus créditos, em média, estão irregulares. Concernente às empresas de maior porte, o índice baixa para 35% (trinta e cinco por cento).

E nesse diapasão, quase que inevitável questionar os motivos que levam o Estado a uma situação desta qualidade.

Insta salientar que neste particular, aprioristicamente a Procuradoria Geral da Fazenda Nacional - PGFN, conduzia a questão classificando o contribuinte como pequeno devedor e grande devedor. Cindia-se as dívidas fiscais, pois, de acordo com o *quantum* devido, utilizando-se, para isso, de uma margem financeira por esta estabelecida.

Ulteriormente, a abordagem promovida pela Procuradoria Geral da Fazenda Nacional - PGFN passara a se assentar no patrimônio identificado do devedor.

Com efeito, o arquétipo legislativo da cobrança da dívida ativa não absorvera o método volitivo com a robustez que se faz necessária, entendemos. Destarte, diuturnamente se vislumbra devedores despidos de patrimônio que demonstram o desejo de pagar a dívida que ostenta para com o Fisco, buscando, assim, regularizar sua situação e, de outra mão, sujeitos outros que não exibem a menor intenção de ver sua situação regularizada.

Não obstante a isso, há uma série outra de indivíduos que, conquanto detentores de patrimônio, por vezes avolumado, não demonstram qualquer pretensão de assumir a dívida fiscal e, em muitos casos, pretendem ou efetivamente intrujam, burlam a lei.

As variantes acima apontadas, sabemos, não são desconhecidas. Longe disso, é indesejado comportamento que se perpetua há décadas. Desta feita, a medida a ser utilizada para a captação de recursos desta natureza há de considerar a referida situação que, repitamos, é conhecida há muito.

A severidade e, por vezes, inflexibilidade do sistema enceta indesejável processo generalizado de cobrança que, desastrosamente, despreza o perfil econômico do contribuinte, impondo uma sensação de insegurança fiscal; quiçá, desrespeitando a capacidade contributiva do indivíduo. Assim, inapelável admitir que o referido *modus operandi* contribui sobremaneira para o alto índice de inadimplência fiscal.

De incomplexa percepção, o Estado/Fisco, de maneira geral, não desfruta de instrumental hábil ou que pretenda, ao menos, estimular o ânimo da pessoa física ou jurídica que pretenda ver sua situação fiscal regularizada. Em contrário, recebe a mesma tratativa que o sujeito que se posta habitualmente como um recalcitrante pagador, instalando tons de mitigação à isonomia.

Como tentativa de solucionar um problema de ordem financeira, fomentado, também, por alto índice de inadimplência conforme visto, o Estado lançara mão de repetidos programas de parcelamentos incentivados, afora os parcelamentos ordinários, com prazos deveras alargados para pagamento, e substanciais descontos.

Não obstante a isso, trouxeram este, também, anistias e possibilidade de quitação da dívida com prejuízo fiscal, isto é, créditos fictos, que de igual sorte corrobora decisivamente para uma cultura de desvalorização da regularidade fiscal. Sim, porque a magnitude das vantagens fomenta a ideia de inadimplir no presente, porquanto, momento ou outro, contar-se-ia com instrumento legislativo que, além de possibilitar o pagamento fracionado, traria vantagens absolutamente atraentes.

De mais a mais, os descontos decorrentes dos benefícios em comento são deveras vultosos e postos em favor de qualquer contribuinte, independentemente de sua conduta ou capacidade de pagamento.

Quanto à especial forma de tratamento a contribuintes endividados, o Fisco utiliza como argumento a assertiva de que as leis que trazem tais benesses fiscais não reclamam qualquer análise da situação econômica ou comportamental do beneficiário.

Destarte, tanto pessoas físicas como jurídicas que desfrutem de recursos financeiros para saldar seus débitos à vista ou em condições menos desfavoráveis à União, beneficiam-se dos generosos descontos e dilatado prazo para pagamento.

Vestibularmente, os benefícios em relevo destinar-se-iam apenas ao devedor de boa-fé e em inexorável situação de dificuldades financeiras. O efeito de utilização desenfreada de tal modalidade de captação de recursos tributários é a irrefragável instalação de um sentimento de impunidade, corroborado por uma histórica relação instabilidade relacional havida entre o Fisco e o contribuinte.

Como resultado, vê-se decisiva colaboração para comportamentos indesejáveis como, a guisa de exemplo, o sujeito que, conquanto possa regularizar seu passivo fiscal, não o faz em razão do que vimos narrando nesse capítulo.

Infausto efeito é que o contribuinte que se esmera por manter sua regularidade fiscal, goza de condições fortemente semelhantes em relação ao "devedor contumaz", cuja atuação é esculpida com arrimo na má-fé e demais efeitos desta vindouros.

Outro ponto de vitanda importância se opera nas províncias da economia nacional. Concerne à harmonização da incitação à regularização com o interesse público de arrecadar, de modo a, assim, preservar a justiça fiscal.

Inafastável a noção de que a pessoa, física ou jurídica, é posta em situação irregular porquanto tenha inadimplido; porque tenha olvidados suas obrigações fiscais. A insolvabilidade, sabemos, redunda em uma série de efeitos mormente regidos pelos instrumentos postos à disposição da Administração Tributária.

Quer nos parecer que urge a necessidade de o Estado lançar mão de instrumentos legislativos aptos a despertar a necessidade de pagamento de tributo por parte do contribuinte, sem despertar o indesejável sentimento de que há um escoamento de dinheiro, tampouco a inaplicabilidade efetiva do dinheiro que com este se colhe, em favor da sociedade.

O anoso método legislativo-tributário utilizado para captação de recursos a serem entregues aos Cofres Públicos, incrementa indesejáveis resultados.

Exordialmente se nota um acentuado afastamento entre o contribuinte e o Estado, aqui representado pelas Procuradorias que, dado o vetusto método normalmente adotado, assume, indevidamente, pecha de vilania, criando, pois, um sentimento de desconfiança mútuo, já que o Estado igualmente pressupõe má-fé do contribuinte que, nem sempre, é presente.

Tal condição dificulta que se leve a efeito propostas e discussões que tenham o fito de viabilizar novel método de captação de tributo que opere em favor tanto do Estado quanto do contribuinte.

De se notar, para que isto seja possível, mister se faz a mantença de um diálogo límpido, que, aliás, atenderia importante axioma, qual seja, do debate entre Estado e cidadão, trazido por uma constituição neoconstitucionalista como a que vigora no Brasil. No cenário atual, tal pretensão flerta com a utopia. Entretanto, mecanismo capaz de viabilizar elementos deste jaez é a adoção de um programa de *compliance* não só por parte do contribuinte, mas, de igual feita, pela Administração Pública, *in casu*, pela Administração Tributária, quadro a ser estudado com mais cuidado em oportunidade vindoura neste trabalho.

Outra malquista questão, entretanto, inafastável repousa sobre o notável aumento de litígios. De se convir, ao se divorciar de soluções consensiais, as partes envolvidas na relação jurídica instalada complexificam e congestionam o Poder Judiciário com ações que versam repetidamente sobre um dado assunto que poderia ser solucionado por uma política pública tributária tanto quanto mais eficiente.

Outro ponto que não pode ser olvidado se opera na medida em que o evidente descompasso fiscal que vimos apontando, maleficia incontestavelmente o livre mercado, na medida em que a sonegação tributária é, lastimosamente, utilizada como instrumento de um planejamento tributário feitos às avessas.

Situação igualmente plangente trazida pelas dificuldades acima sublinhadas concerne à evidente redução da competitividade do Brasil no cenário de atração de investimentos internacionais.

Um sistema congestionado, complexo e que, em razão de tantos elementos aqui já destacados, incentivam a inadimplência, acaba por desincentivar a vinda e consequente investimento estrangeiro em solo pátrio.

Por derradeiro, mas não menos importante, merece destaque o continuado e sempre vigente risco de aumento da carga tributária. Nessa perspectiva, entendemos, não merece rigorosa crítica a política fiscal que se faz já que, não resta, por vezes, alternativa outra que não seja o aumento da carga tributária, já que o elevado grau de inadimplência reclama compensação métrica para a levada de dinheiro ao Cofre Público.

Claro que isso é inarredável consequência de uma equivocada política tributária e igualmente baralhada condução da Administração Tributária que, por assim, fomenta a inadimplência. Dada a referida situação, redunda-se em um momento que não resta alternativa que não o aumento do tributo. Coadunamos que nesse postimeiro momento, outra medida, geralmente, não há.

Com efeito, uma construção, desde seu exorde, de uma política fiscal mais adequada, de certo evitaria ou, ao menos, diminuiria os problemas acima apontados. É aqui, justamente, que encontra lugar os auxílios difluentes da implementação de um programa de *compliance* na esfera pública.

CAPÍTULO 5

DO *COMPLIANCE* COMO INSTRUMENTO DE VIABILIZAÇÃO DE CAPITAÇÃO E APLICABILIDADE DOS RECURSOS TRIBUTÁRIOS

Antes de qualquer pretensão de aprofundamento investigativo ou teórico, indispensável se faz atentar que o *compliance*, conforme alhures dito, surge como uma das pilastras que dão sustento aos mecanismos trazidos pela Governança Corporativa.

Desta sorte, para que se possa vislumbrar como tal instrumental postar-se-ia útil na Administração Pública, mormente na Administração Tributária, incrementando e viabilizando, pois, a coleta de pecúnia a título de crédito tributário, havemos de entender seu funcionamento desde seus momentos propedêuticos, bem como seu arcabouço, primeiramente na esfera privada, já que é nesse cenário que tais postulados despontam, e, em seguida, o que já se vê implementado na Administração Pública de maneira geral.

Somente vencida esta etapa, pensamos, se faz viável refletir na consumação destes na Administração Tributária. É o que faremos doravante.

5.1. A Governança Corporativa. Anotações iniciais

A hodiernidade encontra seu cabimento na proporção em que determinada prática é posta em uso com absoluta afinidade e harmonia com o momento histórico e social em que se encontra[1].

A Sociedade, manifestação irretorquível de sistema, produz o inevitável giro autopoiético. desta feita, a autopoiese sistêmica é fomentada, de igual sorte, em razão dessa mutação trazida pelo contexto histórico que impõe mudanças na sociedade.

Inadiável admitir, pois, que na medida em que as transições históricas se dão, os contextos e preceitos sociais se convertem implicando, então, numa consequente modificação social proporcionando o já mencionado giro autopoiético. Por isso o referido giro é infindo; altera-se a velocidade e intensidade, mas perenal.

De todo modo, quadra observar que a noção de Corporação, Corporativismo, gestão e afins encontram seu ponto de partida na mais iniciática de suas definições.

---

1 Daí por que inafastável os contextos histórico e social como elementos formadores de valor.

Apresentam-se ligeiramente diferentes e adaptadas, o que confirma a ideia de vanguardismo, já que sejam resultantes de uma imposição autopoiética.

5.1.1. Governança Corporativa em breves apontamentos

Não há que se falar em gestão, em qualquer segmento, isto é, seja na esfera pública ou privada, destituída das diretivas e axiomas trazidos pela Governança Corporativa.

A deambulação temporal impõe indelével mudança nas pessoas jurídicas, de modo a reclamar o auxílio dos instrumentos insertos na mencionada maneira de gerir. Não obstante a isso, inafastáveis são seus postulados de maneira que, estes, majoritariamente têm sido o madeiramento de uma sério de textos de lei atintes às pessoas jurídicas nos mais variados setores.

5.1.1.1. Conceito vernacular. Uma reflexão de ordem semântica

Em razão do modal investigativo por nós eleito como arrimo para feitura deste trabalho, substancial se faz a construção vernacular dos termos e até mesmo, quiçá, sua formação etimológica. É o que pretendemos fazer doravante neste capítulo.

5.1.1.1.1. Governança

Conforme apontam dicionários da língua pátria, o vocábulo *"governança"* denota *"ato ou efeito de governar"*.

Governar, por sua vez, se traduz em *"ter a seu cargo ou exercer o governo de; dirigir; imperar em; dirigir (embarcação), com o leme; dirigir-se; exercer governo; dirigir os seus negócios; fazer bons interesses; proceder; regular-se"*.

Notadamente, o ato de governar propõe irretorquivelmente o exercício de um comando. Em todas as variações semânticas supra salientadas, o tom de imperatividade resta deveras claro. Aliás, de se notar, muito se assemelha às significações da palavra "administrar", já delineada neste trabalho oportunamente.

Nesta toada, então, *"governança"* prima por exarar ato de comando. Encadeando o referido signo com a palavra *"corporativismo"*, derivação de *"corporação"*, desponta a ideia de que *Governança Corporativa* é manifestação de comando exercido dentro de corporações.

Entretanto, um exame minudencioso que um trabalho deste espeque reclama, faz com que perscrutemos, igualmente, o limiar etimológico deste outro símbolo, qual seja: *corporativismo*. Ei-lo:

5.1.1.1.2. Corporativismo (Corporativa)

De percepção fluente, a locução "corporativismo" é resultância do vocábulo corporação. Seguindo na proposta de supedâneo alhures elucidada, lembremos que "Corporação", conforme nossa língua *matre*, encerra a noção de *"Conjunto de pessoas sujeitas a mesma regra ou estatuto:* ***corporações religiosas****. Associação de indivíduos exercendo a mesma profissão:* ***corporações de ofícios****. Indivíduos que, collectivamente, administram ou dirigem certos negócios de interêsse público:* ***Associação****."*[2] (Grifos postos)

A definição idiomática, conquanto não tenha, ainda, sofrido a influência de qualquer linguagem científica já imprime natural ideia de que "Corporação" é a congregação de indivíduos agregados por um mesmo ideal, acossando o mesmo objetivo e regidos por um comando comum.

Esquadrinhando uma indicação significativa em autores que se esmeram por tratar o assunto com um enfoque epistemológico direcionado às Ciências Econômicas, notamos que, para estes, Corporação é *"Associação profissional de comerciantes ou artesãos da Idade Média. Conhecidas também como confrarias, grêmios, fraternidades ou guildas, as corporações situavam-se nas cidades e comunas medievais."*[3] (Grifos postos).

Importa notar que tanto os dicionários atinentes à Língua Portuguesa quanto àqueles de caráter profissional ilustram que as Corporações, porquanto avoengas, isto é, muito antigas, surgiram entre os séculos XII e XIV como uma consequência do desenvolvimento e transformação comercial.

Nesse processo de renascimento comercial, notara-se uma proliferação mais acentuada na Itália, perdurando por mais tempo, entretanto, na França onde encontraram sua abolição em 1.791 por ocasião de uma lei que, à época, determinara sua extinção.

As Corporações medievais eram organizações serradas de sorte que seus membros monopolizavam o exercício de determinadas atividades comerciais.

---

2 LELLO UNIVERSAL em 4 Volumes – Novo diccionário encyclopédico Luso-Brasileiro organizado publicado pela LIVRARIA LELLO, sob a direção de João Grave (Academia de Sciências de Lisboa) e Coelho Netto (Academia Brasileira de Letras), Volume I, Porto, p. 654.

3 NOVO DICIONÁRIO DE ECONOMIA, Organização e Supervisão de Paulo Sandroni, Editora Best Seller, 7ª Edição, 1.994, São Paulo, pp. 76 e 77.

Nesse passo, em determinada comuna[4], à guisa de exemplo, só poderia exercer o ofício de artesão quem fosse legitimamente pertencente à Corporação de Artesãos; só poderia ser comerciante quem pertencesse à Corporação de Comerciantes e doravante.

Cuidava-se, pois, de uma qualidade de entidade que legitimava o exercício dos mais variados misteres. Cada uma dessas Corporações empunhava uma espécie de diploma legal, algo paritário a um estatuto, que preconizava como as condutas haveriam de ser efetivadas.

Como qualquer texto deste naipe, aferia-se, de sua leitura, direitos, deveres e obrigações de arte que seu descumprimento era conduzido ao tribunal que cada uma destas entidades ostentava, com o condão de indicar punições que eram inalteradamente severas.

Com isso, as Corporações controlavam a qualidade de seus membros, as funções cabíveis para aquele tipo de atividade indicavam os preços a serem praticados, fiscalizavam as mercadorias dentre outras formas de exercício de controle.

Nesse cenário, surge o Corporativismo que, grosso modo, é a doutrina tendente a propor a harmonização das instabilidades conceituais havidas entre a economia e os conflitos sociais a parir de um sistema de corporações.

Dito de outro modo, o corporativismo utiliza-se das corporações como instrumentos de sedimentação de dissonâncias havidas entre a economia e a sociedade.

Nessa senda, a corporação autodisciplinada é tida como instrumento eficiente e capaz o bastante para regular relações instaladas entre o trabalho e o capital. Assim, propicia uma organização na produção traçando limites, proporcionando, mediata ou imediatamente, maior qualidade de produtos e serviços prestados.

Urge alvitrar que as doutrinas corporativistas eclodem no século XIX como uma insurreição em face ao espontaneísmo do liberalismo econômico, com o escopo de resolver os desequilíbrios do mercado, bem como se opor, de certa forma, ao coletivismo defendido e propagado pelos socialistas.

Os corporativistas entendiam que a luta de classe se tratava de um elemento deveras artificial e, por assim, absolutamente desagregador.

Em vista disto, então, haveria de ser desconstruído e desestruturado, *in totum*, por meio de elementos contrapostos criados pelo capitalismo.

4 Comunidade.

Com acentuada influência do catolicismo tradicional, aliado ao saudosismo medieval, os corporativistas vislumbravam nas corporações romanas e medievais os modelos de mecanismos capazes de imbricar os interesses do patronato e dos empregados, tal qual, num passado remoto, fora possível congregar mestres e aprendizes na produção artesanal.

O ideal corporativista surgira como doutrina a partir da obra *"La tour Du Pin"* de Albert de Mun, bem como com as publicações constantes da revista *"Association Catholique"*, que primava pela consecução de uma ordem social cristã que fora desestabilizada em razão da Revolução Industrial.

Esse pensamento, inclusive, influenciara de perto Émile Durkhein em seus posicionamentos socialistas; fora, por larga faixa de tempo, um ideal social presente e forte no que tange à propagação e aceitabilidade de suas ideias centrais.

Na década de 1.920, com o advento da Primeira Guerra Mundial, e com a consequente "grande crise econômica", igualmente denominada de "Grande Depressão", o conceito e a prática do corporativismo consolidara-se como modalidade de Política de Estado[5], em especial na Itália e no salazarista português.

A legitimação do corporativismo ou, por outros torneios, o corporativismo como Política de Estado fora formalmente consignado em 1.934 na Itália com a constituição de vinte e duas corporações diretamente subordinadas ao Ministério das Corporações.

Foram construídas com o escopo de representar o patronato, proletariado, técnicos e representantes do Partido Fascista.

Nessa seara, fora forjada uma sólida e minudente estrutura que exibia como pálio novel organização sindical umbilicalmente ligada ao Estado e estruturada por seguimentos sociais ou industriais, mas, sim, por profissionais. Vislumbra-se, pois, uma reedição amodernada dos primórdios das corporações.

Robora, pois, a conclusão de que "Corporativismo" é um elemento que encontra pilar no mais basilar conceito de corporação.

Desta sorte, de se perceber que, conquanto o tempo tenha perlustrado, já que inexorável, as noções incidentes sobre o Corporativismo que, mais adiante, servem de sustentáculo para aparição das corporações e, consequentemente, da Governança Corporativa exibem o mesmo núcleo axiomático. Os entretons modalizam por conta dos contextos

5 O que explica e justifica a ocupação de Émile Durkhein com o tema.

históricos[6] que, porquanto diversos, clamam por adequações já que, sem as quais, não seria possível obter funcionalidade na sociedade hodierna.

Como visto, esses elementos propulsionam, inexoravelmente, o giro autopoiético do sistema dando origem, pois, à modernidade outrora aventada.

5.1.2. Acepção do termo Governança Corporativa

Conquanto invariavelmente confundidos, insta ressaltar preliminarmente que conceito e definição são elementos fundamentalmente diversos.

Conceito, do latim *conceptus*, indica *"Aquilo que o espírito concebe. Entendimento; opinião."*[7] (Grifos postos).

O indivíduo se defronta com um elemento qualquer do mundo social e, ao arrepio da sua vontade, aquele objeto instala uma sensação neste. Ainda que de forma inconsciente, essa sensação primeira e irrepetível é uma espécie de valoração construída a partir do trâmite sensorial indicado no introito deste trabalho.

Cumpre notar, no entanto, que conforme se imponha determinada sensação ao espírito, ter-se-á um conceito e não uma definição.

Destarte, ao nos depararmos com uma figura pintada a óleo ou esculpida, por exemplo, conceituamo-la como bela, bem elaborada, tradicional e tantos quantos predicados impregnarem nosso espírito. Isso é conceituar. Propalar proposições a partir de sensações gravadas no espírito.

O mesmo não acontece, entretanto, com a ideia de definição. Do latim *definitio*, definição encerra a ideia de *"Acto de definir. Palavras com que se define. Enunciação dos seus primeiros atributos"*[8] (Grifos postos).

Dessarte, definir é indicar e determinar a extensão e os limites de determinado objeto ou conceito deste, a partir das impressões insertas

6 Um dos elementos essenciais da construção axiomática, conforme tratado no primeiro capítulo deste trabalho.

7 LELLO UNIVERSAL em 4 Volumes - Novo diccionário encyclopédico Luso-Brasileiro organizado publicado pela LIVRARIA LELLO, sob a direção de João Grave (Academia de Sciências de Lisboa) e Coelho Netto (Academia Brasileira de Letras), Volume I, Porto, p. 615.

8 LELLO UNIVERSAL em 4 Volumes - Novo diccionário encyclopédico Luso-Brasileiro organizado publicado pela LIVRARIA LELLO, sob a direção de João Grave (Academia de Sciências de Lisboa) e Coelho Netto (Academia Brasileira de Letras), Volume II, Porto, p. 724.

no espírito. Assim, a definição dá limites conceituais porquanto resulte do conceito.

Nessa perspectiva, pois, propomos, a partir de então, trazer breve noção; definição de Governança Corporativa.

Marcadas nossas considerações inaugurais, quadra ressaltar que, de uma maneira ou de outra, conceituar é, de igual feita, emitir valor. A par disso, então, há de se ponderar que por mais que se pareçam, trata-se de propalação única já que, como ressaltado alhures, somos seres ímpares.

Por outros torneios, havemos de encontrar conceitos vários apontando, naturalmente, para a mesma diretriz. Todavia, cada um trará peculiaridades porquanto emitidas por indivíduos diversos. Assim, várias são as possibilidades de conceituar qualquer objeto.

Nos cabe, então, eleger o método pelo qual percorreremos os caminhos que ofertará nosso conceito de Governança Corporativa.

Nesse diapasão, insta apontar que o instituto da Governança Corporativa passara a ser academicamente investigado na década de trinta a partir dos estudos de Berle e Means[9], fomentado pela aparição de modernas corporações que exibiam patente ideia de separação entre controle e gestão.

O tema ganha relevo, pois, somente na década de mil novecentos e oitenta, oportunidade onde se acentuam os debates, na academia e nas corporações, sobre a temática em diversos países.

Partidários que somos do Constructivismo Lógico-Semântico, resta sublinhar que a etimologia de "governança" deflui de "governar", atinente a "governo", ressaltando, por oportuno, que "governar" encerra a ideia de dirigir, nortear, guiar, sem prejuízo de outras acepções possíveis.

Partindo desse postulado, a locução "Governança Corporativa" diz respeito a um método cujo órgãos e "poderes" são organizados dentro da empresa.

Cumpre ressaltar que um regime de Governança Corporativa eficazmente estabelecido estima por uma correta e eficaz utilização de recursos, considerando não só os interesses dos acionistas, mas, de igual feita, interesses dos *stakeholders*[10].

---

9 BERLE, A.; MEANS, G – *The Modern Corporation and Private Property*, New York, McMillan, 1.932, *in*, SILVA, André Luiz Carvalhal da – *Governança Corporativa e Sucesso Empresarial – Melhores Práticas para Aumentar o Valor da Firma*, Editora Saraiva, 2ª Edição, p. 02.

10 *Stakeholders* são os indivíduos que, apesar de não serem acionistas, têm relevante interesse na sociedade. São empregados, fornecedores, clientes dentre outros. Pessoas que, de maneira geral, detém relação com a empresa.

Desta sorte, Governança Corporativa é, sobretudo, um sistema de gerência que assegura aos sócios proprietários estratégias empresariais e eficaz monitoramento da diretoria executiva.

Trata-se, portanto, de um conjunto de práticas havidas entre acionistas, conselho de administração, diretoria, auditoria independente e conselho fiscal, buscando otimizar o desempenho das empresas.

Apercebe-se, então, que a Governança Corporativa se inserta entre os processos decisórios de alta gestão. Encontra abrigadouro entre as principais figuras das organizações[11].

De fronte a tais atestações, temos Governança Corporativa como a imbricação de princípios, regras, valores e métodos que regem as empresas primando pelas "boas práticas de governança", proporcionando aos executivos, conselheiros e acionistas utilizar-se de mecanismos que viabilizam um estreito e sadio contato com os diversos *stakeholders*, redundando, pois, numa consequente valorização da empresa.

5.1.3. Surgimento da Governança Corporativa[12]

Resta dissenso no que toca ao surgimento da Governança Corporativa já que, observemos, trata-se de uma prática vagarosamente integrada e, por consequência, morosamente acolhida. Não se trata de um elemento rigorosamente delineado de modo que se possa apontar com exatidão quando de sua adoção. Repisemos, é uma prática reiteradamente dada que fora, gradualmente, ganhando contornos e força no mundo corporativo.

As manifestações iniciáticas das práticas de Governança Corporativa se deram no Século XVIII com o surgimento do sistema capitalista. À época percebera-se desvios de práticas empresariais e, de mesmo modo, de práticas de governo. Condutas deste jaez seriam, hodiernamente, identificadas e, por assim, classificadas como problemas de governança.

Diante de problemas desta magnitude, soluções passaram a ser pensadas e efetivadas, objetivando, pois, implantar programas de administração que, de forma surgente, identificamos hoje como "boas práticas" precedente na Governança Corporativa.

11 Instrumento de manuseios de executivos, conselheiros e acionistas.

12 Neste sentido BRAGA, GILBERTO *in Apostila do Curso de Governança Corporativa e Responsabilidade Social do IBMEC*, Editora Grupo Ibmec Educacional, 1ª Edição, 2.012, Rio de Janeiro.

A partir da Revolução Industrial havida entre os Séculos XVIII e XIX, notara-se um expansionismo vigoroso das corporações, especialmente as de origem ocidental.

Práticas adequadas de governança se fizeram necessárias já que com a larga escala produtiva, uma gestão incipiente levaria à um inexorável fracasso. Nesse compasso, então, as práticas outrora adotadas em razão dos desvios suso mencionados ganharam aperfeiçoamento e força entre as empresas.

Mais adiante, já no Século XX, a Primeira Guerra Mundial trouxera um acentuado enfraquecimento na Europa o que implicara numa diminuta participação do continente na economia mundial de uma maneira geral.

Como resultado, o centro das finanças mundial migrara para os Estados Unidos que passara, então, a ser o grande centro financeiro do mundo. Com efeito, eclodira uma grande crise em Nova York desestabilizando, num primeiro momento, o caminhar das corporações.

Trata-se da denominada "Crise de 1.929" que, nas palavras do historiador Geoffrey Blainey[13] iniciara da seguinte forma:

> *"Na quinta-feira de 24 de outubro de 1929, a bolsa de valores de Nova York abriu movimentada, com poucos sinais de instabilidade. Então, por algum motivo, real ou não, uma histeria pessimista se instalou, aumentando a cada hora que passava. Quase todos queriam vender e, quando os preços caíram bruscamente, apareceram os caçadores de pechinchas, os quais descobriram, uma hora mais tarde, que tais pechinchas não existiam mais. Naquele dia, o número total de ações vendidas superou em mais de 50% as vendas em qualquer outro dia na história da bolsa". (Grifos postos)*

A Crise de 1.929, de igual sorte cognominada de Grande Depressão, fora uma retumbante crise econômica iniciada em 1.929 que persistira ao longo da década de 1.930, encontrando seu termo somente com a Segunda Guerra Mundial.

É considerada a mais longa e rigorosa crise financeira do Século XX, causando instabilidade econômica e alto índice de desemprego. Por conta disto, então, uma larga série países apresentaram queda na industrialização reduzindo, por consequência, seu produto interno bruto.

Os efeitos nocentes da Crise de 1.929 (Grande Depressão), chegara aos píncaros em 1933 nos Estados Unidos. Em razão disto, o à época Presidente estadunidense Franklin Delano Roosevelt, aprovara uma

13 BLAINEY, Geoffrey - *Uma breve história do século XX*, Editora Fundamento, 2ª Edição revista e atualizada, p. 119.

série de medidas econômicas denominadas de *New Deal.* Nessa oportunidade, foram implementadas de 1.933 a 1.937 com o condão de recuperar a economia estadunidense, buscando dar a devida assistência aos atingidos pela Grande Depressão.

As medidas trazidas pelo *New Deal* se escoraram fundamentalmente em: *(i) reformas econômicas e à regulação de setores da economia; (ii) adoção de medidas emergenciais; (iii) respeito às transformações culturais; e (iv) uma nova pactuação política entre o Estado e fatores sociais, redundando na denominada coalizão do New Deal.*

Tal como oportunamente sublinhado, a prática da Governança Corporativa não concerne apenas à iniciativa privada; pode ser utilizada, destarte, como manobras governamentais. Assim, o *New Deal* se posta como um rudimento da atual Governança Corporativa.

De toda sorte, imperioso destacar que o *New Deal* não fora a única medida adotada que contribuíra para retomar o *status quo ante*, mas certamente fora o mais importante.

A partir de 1.945 as questões adotadas na gestão corporativa começam a ser observadas com mais acuidade, justamente por conta do término da Segunda Guerra Mundial.

O termo do indigitado conflito belicoso fomenta a expansão das corporações nos Estados Unidos, caracterizada pelo crescimento da escala de produção, gigantismo empresarial e, também, por uma atuação transnacional das referidas corporações.

De se evidenciar, também, que o uso sistematizado do termo, bem como das práticas de Governança Corporativa, no meio empresarial e acadêmico, se dera a partir dos anos 1970, século XX. Doravante, os métodos se desenvolveram de modo a se apresentar nos moldes hoje conhecidos.

Entretanto, a Governança Corporativa praticada nos estalões cotidianos, surgira a partir dos denominados "Marcos históricos da Governança Corporativa".

Quadra observar, nesse particular, que três elementos são tidos como Grandes Marcos da Governança Corporativa. São considerados complementares entre si, primeiramente em razão da ordem cronológica havida entre estes e, de igual sorte, por conta dos enfoques trazidos em cada um deles que, apesar de diferentes, se completam.

O primeiro destes elementos ficara conhecido como "Ativismo de Monks". Movimento capitaneado pelo ativista estadunidense Robert A G. Monks, nos Estados Unidos da América EUA, centralizava seus interesses nos acionistas alçando-os a uma posição de maior efetividade dentro das empresas.

Com esse estratagema, Robert Monks buscava, de final, suprimir o acerado "Poder" que se debruçava sobre a figura dos executivos, dando, aos acionistas, um papel de maior relevo e que, em razão disto, lhes trouxesse também maior e melhor desempenhos nas corporações.

Para isso, focara sua estratégia em dois valores, até hoje, de importância vital para Governança Corporativa: (i) *fairness*[14] e (ii) *compliance*[15] [16].

Para além, elemento outro emerge adindo ao Ativismo de Monks e, por conta da sua dilatada importância, assumira foros de ponto determinante para formação da moderna Governança Corporativa. Trata-se do nominado "Relatório Cadbury".

O Relatório Cadbury expressara ardente preocupação com dois outros valores que, conquanto diversos, atentemos, complementam aquel'outros constantes do Ativismos de Monks. São eles: (i) *accontability*[17] e (ii) *disclosure*[18].

O relatório em tela voltara suas atenções para assuntos de ordem financeira, bem como para o papel desempenhado não só pelos acionistas, mas, também, pelos administradores, executivos, conselheiros e auditores[19].

Por fim, destacam-se os princípios da OCDE (*Organization for Economic Cooperation and Development*). Propugnaram estes, no sentido de que a Governança Corporativa nas corporações atrairia mais investidores porquanto as tornasse mais confiáveis.

Isso porque restringiria o custo de captação de recursos e por isso propulsionaria a Economia local e, também, do país.

Traçadas essas propedêuticas referências, tratemos de cada um dos "Marcos da Governança Corporativa" com mais vagar. Ei-los:

5.1.3.1. Ativismo de Monks

Antes de tecer qualquer comentário sobre o tema, em homenagem ao método por nós escolhido, mister se faz lembrar que "ativismo", em breve resumo, edifica a noção de qualquer doutrina ou argumentação

---

14 Senso de justiça.

15 Conformidade legal, em especial no que toca aos direitos dos minoritários passivos.

16 As questões referentes ao *compliance* serão tratadas com mais vagar em tópico destinado exclusivamente para tal assunto.

17 Prestação responsável de contas.

18 Transparência.

19 Observa-se, portanto, uma complementação relativamente ao Ativismo de Monks já que este, *a priori*, preocupara-se primordialmente com os acionistas.

que tenha como escopo privilegiar a prática de transformação da realidade em agravo da atividade exclusivamente especulativa.

Dito isto, havemos de consignar que Robert Augustus Gardner Monks, advogado de formação[20], perseguindo efetivos resultados para as corporações na prática de seu mister, mostrava-se renitente com a passividade dos acionistas diante das práticas absolutamente oportunistas dos grandes gestores das empresas estadunidenses.

Robert Monks defendia que a Governança Corporativa de excelência haveria de congregar a supina valorização da companhia com consequente geração de riqueza.

Notara-se que as assertivas de Monks passaram de conjecturas para realidade conforme se observara sensíveis mudanças nas empresas que passaram a assumir uma forma de administrar que buscava sustentáculo nas ideias trazidas pelo pioneiro ativista norte americano.

Nesse passo, as mudanças havidas em razão da adoção do idealismo de Robert Monks confirmaram, pois, sua prédica. Vejamo-las:

- *agigantamento das corporações;*
- *dispersão do capital de controle com expansão do mercado de capitais, redundando maior liquidez das ações;*
- *despersonalização da propriedade em que os acionistas passaram a ser mais ausentes e passivos, emergindo, assim, uma nova modalidade de empresários;*
- *aparecimento da figura do gestor executivo em função da pulverização do capital, resultando, de outra mão, no fenômeno dos conflitos de agência.*

Robert Monks incentivara a participação mais efetiva e compromissada dos acionistas, conduzindo-os à participação dos conselhos e das assembleias.

Desta sorte, mostravam-se presentes nas decisões corporativas que versavam sobre seus interesses deixando, então, de ser uma figura ilustrativa para, paulatinamente, se tornar personagens de relevância entre as corporações.

Preteritamente a isso, enfatizemos que a figura dos proprietários das empresas, neste átimo incluindo os acionistas, era absolutamente passiva e, quiçá, espavorida.

Essa postura fomentava e incentivava uma hegemonia dos executivos administradores, proporcionando, de outra mão, comodismo dos

20 Formado pela Escola de Direito da Universidade de Harvard.

proprietários os quais Monks chamara de "rentistas parasítico". Isso porque antes do Ativismo de Monks estes buscavam apenas o rendimento das empresas sem, contudo, demonstrar preocupação com o desenvolvimento corporativo.

A par disto, professam Adriana Andrade e José Paschoal Rossetti[21]:

> *"Monks fomentou o ativismo dos acionistas, estimulando-os a participar dos conselhos, das assembleias e, assim, das decisões corporativas que afetam os seus direitos. Num cenário em que a passividade do proprietário propiciou a hegemonia dos administradores, criando uma nova classe de 'rentistas parasíticos', sem qualquer conexão com a administração dos empreeendimentos, parecia perfeito concluir que: 'se eu tenho duas opções - uma é não fazer nada e receber 'x' e aoutra é me envolver no empreendimento e também receber 'x' -, eu opto sempre por fazer nada'. (ANDRADE; ROSSETTI, 2001. P. 159). Justamente esta conclusão é que Monks refutava, propugnando que o 'x' a receber com maior envolvimento dos acionistas na corporação poderia ser maior que o 'x' resultante de nenhuma forma de participação" (Grifos postos)*

A insistência de Robert Monks em dar a devida e necessária incumbência aos acionistas culminara no famigerado conflito de agências difluente da ruptura havida entre os executivos e os proprietários das empresas. Esse evento, bem como da necessidade de aperfeiçoamento no método de governança das empresas foram os combustíveis para a continuidade de projetos e ações de Monks.

Como resultado imediato de suas ações, Monks percebera o desvelar de desvios nas práticas corporativas[22], mobilização de acionistas individuais e institucionais e respeitabilidade pelos proprietários.

Em 1.985, Robert Monks, em sociedade com Janet Brown e Bárbara Slesman, fundara a *Institucional Shareholder Services - ISS*, empresa de consultoria para investidores institucionais nos assuntos concernentes aos votos em assembleia de acionistas.

A empresa que, de primeiro, não contava lista alargada de clientes, passara a crescer a largos passos após uma declaração de Avon Latter,

---

21 ANDRADE, Adriana; ROSSETTI, José Paschoal - *Governança Corporativa*, 5ª edição, São Paulo, Editora Atlas, 2011, p. 159.

22 Embora o *compliance* tenha aparecido enquanto um valor da Governança Corporativa pela primeira vez com o Ativismo de Monks, como dissemos alhures, não se trata da mesma ideia hoje utilizada. Todavia, notemos, há no resultado colhido por Monks um pequeno aceno para as questões de probidade corporativa concatenando-se com o que, hodiernamente, temos no *compliance*, bem como nos institutos tratados na lei anticorrupção.

em 1.988, que resultara na multiplicação de clientes da *Institucional Shareholder Services – ISS.*

Dando linhas finais, interessante, também, ressaltar que Robert Monks patrocinara algumas ações judiciais em face de grandes instituições estadunidenses não obtendo, entretanto, êxito imediato.

Com efeito, em 1.988, o Departamento do Trabalho dos Estados Unidos da América – EUA declarara que os administradores dos fundos de pensão tinham por obrigação exercer o direito de voto das suas ações (declaração conhecida como Avon Latter), com o escopo de maximizar o valor das companhias donde os investidores institucionais tinham participação.

Destarte, o trabalho de hercúleo meticulosamente construído por Robert Monks chegara ao status de capítulo determinante para formação da Governança Corporativa hoje praticada.

5.1.3.2. Relatório Cadbury

O Relatório Cadbury não traz o mesmo tom personalista evidente no Ativismo de Monks. Resultara de um comitê criado em 1.992, no Reino Unido, que tinha o escopo de definir as responsabilidades dos conselheiros e executivos das companhias.

Adrian Cadbury[23] fora o idealizador do relatório que leva seu nome. Fora criado um comitê pelo Banco da Inglaterra que tinha como propósito precípuo, confeccionar um "Código de Melhores Práticas de Governança". Os componentes que representaram o referido comitê provinham, essencialmente, da Bolsa de Valores de Londres e do Instituto de Contadores Certificados[24].

Buscava uma análise de questões tidas como essenciais nas corporações e, a partir de então, propor soluções de maneira ética, em conformidade com os interesses das empresas.

Influenciado pelos conceitos e valores trazidos pelo Ativismo de Monks, sem prejuízo de outras questões, o Relatório Cadbury destacara-se, sobretudo, porquanto fora, à época, proponente de questões inovadoras que atendiam exatamente as necessidades das empresas britânicas de seu tempo.

---

23 Adrian Cadbury foi Schweppers, onde elaborara o código de princípios empresariais, conselheiro do Banco da Inglaterra, fundara a empresa Pro Ned e publicara um livro intitulado *"The Company Director"*.

24 Neste sentido, ANDRADE, Adriana; ROSSETTI, José Paschoal – *Governança Corporativa*, 5ª edição, São Paulo, Editora Atlas, 2011, p. 166.

Empreendido seus conceitos e axiomas, colhera como consequência um maior envolvimento entre o governo e as corporações e, por conseguinte, resultando, pois, em benéficos reflexos no mercado de capitais.

A empreitada de Adrian Cadbury tinha pórtico em cinco pilastras consubstanciadas, entretanto, em dois valores base: *(i) prestação de contas responsável;* e *(ii) transparência.* Esses dois axiomas foram, mais adiante, incorporados no mundo da Governança Corporativa sob a nomenclatura de *acconuntability* e *disclosure* sucessivamente.

Em razão disto, a aderência dos conselheiros e executivos ao Relatório Cadbury redundara em comprometimento e responsabilização com:

- *Análise e apresentação das informações para os acionistas e demais stakeholders acerca da performance da companhia;*
- *Transparência e forma como as demonstrações contábeis devem ser divulgadas ao público;*
- *Constituição e papel dos conselheiros;*
- *Definição das responsabilidades dos auditores e a abrangência de suas atribuições;*
- *Relacionamento entre os acionistas, conselheiros e auditores.*

Com pálio nos valores supra, o comitê expusera em audiência pública decisões, tomadas, por evidente, a partir das recomendações do Relatório Cadbury, redundando, contudo, em diversas reações que se mostravam contrárias aos primados por este trazidos.

A reação se mostrava, de certa forma, esperada já que provocava sensíveis modificações nos conceitos e práticas de Governança Corporativa no Reino Unido. Com o transcorrer dos anos, entretanto, recebera apoio de iniciativas importantes, inclusive do Governo Inglês.

A partir de então, o Relatório Cadbury, oportunidade em que, em decorrências das referidas críticas, fora reconstruído parcialmente dando-lhe, assim, uma versão final, passara a influenciar o Reino Unido e, mais adiante, servir de inspiração para feitura de códigos de corporações em outros países tais como Canadá, Estados Unidos da América, França e Austrália.

Em linhas finais, repisemos que o Relatório Cadbury buscara reparar as responsabilidades dos conselheiros e diretores na constituição do Conselho de Administração independentes, sem prejuízo de atentar a outros atores de governança, garantindo, assim, que as diretrizes, bem como controle da companhia permanecesse separados dos atos de gestão.

5.1.3.3. Princípios da OCDE

Trata-se, a OCDE (*Organization for Economic Cooperation and Development*) de um órgão multilateral, composto por trinta países membros desenvolvidos, com relacionamento permanente com setenta outros países, dentre os quais o Brasil, desde a década de noventa.

Propugna por boas práticas de governança corporativa, consubstanciada por mecanismos eficientes o bastante na concatenação entre o desenvolvimento das companhias e dos mercados.

As conclusões extraídas da OCDE, em 1.999, dão conta de que:

- *Não existe um único modelo de governança corporativa;*
- *Apesar de semelhanças dos princípios, regras e objetivos entre os países, cada país deve acomodar os primados de governança às suas realidades jurídicas, sociais, econômicas e culturais;*
- *As corporações haverão de rever, se necessárias, renovar suas práticas de governança buscando, assim acompanhar as constantes mudanças econômicas e de mercado, a fim de se manterem competitivas;*
- *As práticas de governança devem ser designadas por órgãos reguladores do mercado de capitais de cada país, pelas corporações e pelos acionistas;*
- *As boas práticas de governança corporativa nas empresas estimulam uma integração com o mercado, bem como melhor desenvolvimento dos países, na medida em que atraem mais volume de investidores;*
- *Os primados de Governança Corporativa hão de serem ajustados à medida que ocorram transformações de relevante importância nos países e no mundo corporativo.*

As indicações em relevo serviram de norte para mais de trinta países membros que, por assim, compõem a OCDE.

Do interstício de 1.999 à 2.002, as boas práticas de Governança Corporativa ganharam respeitabilidade em detrimento do crescimento das grandes corporações e consequente número de fraudes de impacto mundial. A adoção das recomendações atinentes ao modo de administrar as corporações, consoante aconselhara a OCDE, se mostraram importante aliado no combate às fraudes corporativas.

Apesar disto, o notório crescimento de casos de fraudes fomentara a revisão do material publicado dela OCDE em 1.999, tenda, a referida empreitada, seu termo em 2.004.

Como consequência, surge uma nova versão dos princípios da OCDE, permanecendo, no entanto, a intenção de não padronizar a Governança Corporativa, mas, sim, de oferecer instrumentos adequados para uma melhor gestão.

Desta sorte, é possível ter uma breve noção da aparição e desenvolvimento dos conceitos primários de Governança Corporativa desde seus primórdios até nossos dias.

5.1.4. Governança Corporativa e desenvolvimento econômico

Para que se possa falar sobre desenvolvimento econômico com a coerência que se espera, mister se faz, antes de tudo, cuidar de definir "sistema econômico" já que a espécie de desenvolvimento em apreço se dá dentro deste.

Assim, considerando as noções de sistema oportunamente traçadas, a definição de sistema econômico se traduz:

> *"... a reunião dos diversos elementos participantes da produção e do consumo de bens e serviços que satisfazem às necessidades da sociedade, organizados não apenas do ponto de vista econômico, mas também social, jurídico, institucional e etc."*[25] *(Grifos postos)*

Não obstante a isso, nessa proposta analítica, indispensável se faz olhar para um pretérito, não muito distante, já que, só assim, é possível denotar suas fases que, congregadas, denunciam seu desenvolvimento[26].

Assim procedendo, verificar-se-á que o ponto de partida histórico possibilita uma análise mais acurada das fases evolutivas do sistema econômico. Desta sorte, a denominada "Economia Colonial" mostra-se, a nosso ver, o ponto de partida ideal para a investigação ora proposta. O sistema econômico colonial é ínsito aos países que foram colônias ou semicolonias.

Grosso modo e sem a menor pretensão de descer às minúcias no que toca ao tema, semicolonias se caracterizam por Estados com bandeira, moeda, carta política, brasão e tantos outros símbolos próprios, mas que, em verdade, mantém certa dependência sócio econômica, sem prejuízo da comercial, com países da Europa e Estados Unidos da América - EUA.

Todos os países que perceberam tal condição encontram como motivo de seu parco desenvolvimento econômico a denominada "Economia Colonial" que surgira a partir da segunda fase da divisão internacional do trabalho.

---

25 SILVA, Cesar Roberto Leite da; LUIZ, Sinclayr - *Economia e Mercados: Introdução à Economia*, Editora Saraiva, 19ª Edição revista e atualizada, p. 24.

26 Por se tratar de análise repousante sobre o desenvolvimento do sistema econômico, imprescindível se faz uma análise histórica sem o qual, não se pode vislumbrar o desenvolvimento senão com o perlustrar do tempo.

A indigitada passagem é marcada pela predominância da comercialização de um único produto (ou no máximo dois ou três) para o mercado externo altamente especializado.

No Brasil, por exemplo, da época colonial até meados dos anos sessenta, a principal mercadoria comercializada era o café, apesar de congregar com a exportação de algodão e açúcar em momentos distintos.

Professa Paul Singer[27] que no caso do Brasil, bem como de outros países da América Latina, o fator de mudança no sistema econômico que trouxera uma paulatina e sistemática industrialização fora externo: a crise de 1.930.

A Grande Depressão fomentara vertiginosa queda no comércio internacional e, como consequência, na economia brasileira, que era oligárquica[28], já que vivia basicamente da comercialização do café.

Com o enfraquecimento do mercado internacional, não restaria outra alternativa senão fomentar o mercado interno[29]. Nessa toada, então, passara a substituir-se a importação pela comercialização dentro das divisas nacionais.

Nota-se, com isso, que o processo de desenvolvimento econômico por excelência se dá na medida em que se substituem, vagarosamente, produtos externos por nacionais. De mesma forma, quando o mercado passa a concentrar suas forças mais para o mercado interno que para o externo já que, desta forma, o mercado interno se sobrepõe ao externo.

Atentando às significativas ocorrências, percebe-se que para propulsionar o desenvolvimento de um dado mercado interno, indispensável se faz proteger as indústrias locais. Igualmente essencial é, de igual sorte, haver uma ação colaborativa do Estado nesse sentido. E mais, o emprenho estatal há de ser crescente.

5.1.4.1. Composição do sistema econômico

O sistema econômico de um Estado, justamente por ser sistema, abarca uma série de subsistemas caracterizados como unidades produtoras de riqueza, cada qual organizando os fatores de produção de determinados produtos e serviços.

---

27 SINGER, Paul - *Aprender Economia*, Editora Brasiliense, 15ª Reimpressão, 1996, São Paulo, p. 140.

28 Oligarquia, em Ciência Política, em breve e apertado resumo, encerra a ideia de forma de governo onde o Poder Político encontra-se concentrado em um número reduzido de pessoas.

29 O Brasil vivia basicamente da comercialização do café.

Cumpre destacar, neste ritmo, que o sistema econômico é composto, basicamente, por dois fluxos, quais sejam:

> **i) Fluxo de produto:** *formado pelos bens e serviços produzidos no sistema econômico. Tal categoria é igualmente denominada de fluxo real.*
>
> **ii) Fluxo de renda:** *também chamada de "fluxo monetário" é composto pelo pagamento que os fatores de produção recebem no perlustrar do processo produtivo. Por isso, então, é igualmente denominado de "fluxo nominal".*

As modalidades de fluxo aqui sublinhadas são de vitanda importância para as Ciências Econômicas. Os fluxos de produtos, aqui entendidos como bens e serviços, perfaz o caráter de oferta; o fluxo de renda, por seu turno, é construído pelo total da remuneração dos fatores produtivos, compondo o montante do *quantum* os indivíduos exibem para atender seus anseios e suas necessidades.

As economias modernas apresentam grande grau de complexidade, característica, inclusive, ínsita a sistemas hipercomplexos. Essa complexidade é evidenciada no relacionamento havido entre os agentes econômicos.

Prescindem, por assim, de um elemento que viabilize a circulação da moeda pelo sistema econômico. O elemento, pois, que desempenha tal função é o "sistema financeiro".

Este tem como função precípua mediar a moeda e os agentes econômicos. Dito de outro modo, intermédia os atores econômicos mediante seu principal elemento de ação, qual seja a moeda.

Analisando o sistema econômico com mais vagar, identificamos atores econômicos superavitários e agentes deficitários. É bem verdade, porém, que as situações podem se inverter.

Há de se ressaltar que em um determinado momento, um agente qualquer irá gastar além da sua capacidade econômica tornando-se, então, deficitário e, em contranota, outros não gastam toda sua renda tornando-se superavitários.

Esse contexto implica no fato do deficitário passar seu dinheiro para o superavitário. Essa transferência, no entanto, não se dá de forma direta; vale-se de um instrumento viabilizador: *o sistema financeiro*[30]. Por outros contornos, o sistema financeiro é o instrumento mediador entre os agentes superavitários e agentes deficitários.

30 O sistema financeiro é constituído pelos bancos comerciais, bancos de investimento, sociedades de crédito, de financiamento e de investimento pelas bolsas de valores.

O interesse dos superavitários é evidente porquanto a operação lhes gere lucros. Obtêm vantagem financeira por intermédio do *spread*. A ideia de *spread* é definida como *"... a diferença entre a taxa de juros cobrada pelo sistema financeiro dos agentes deficitários e a taxa de juros paga aos agentes superavitários. Constitui a remuneração do sistema financeiro"*[31] (Grifos postos)

5.1.4.2. Interferência estatal no equilíbrio do mercado

O governo intervém, como se sabe, no mercado interno o que se mostra determinante para formação dos preços.

Fixa alíquotas, majorando os tributos minimizando a carga tributária repousante sobre os tributos de caráter extrafiscal, dá isenção, anistia, remissão fiscal, reajusta o salário mínimo, fixa preços dos produtos agrícolas dentre outras possibilidades.

Importa ressaltar, então, que ao lado dos demais elementos salientados, os instrumentos fiscais são um dos mais importantes ou, quiçá, os principais elementos utilizados pelo Estado na intervenção do domínio econômico.

Aumento na carga tributária significa aumento no custo de produção; aumento no custo de produção implica no aumento no custo do produto. E assim o Estado passa a manobrar a economia interna.

Imaginemos à guisa de exemplo, que em razão de uma crise econômica qualquer a indústria automobilística perceba um declínio nas vendas. Forçoso admitir que haverá uma série de reflexos.

Queda na compra se traduz em desaquecimento mercadológico, propiciando menor incidência de tributos incidentes sobre a produção e circulação dos automóveis. Nesse compasso, a produção perceberá também, uma significativa queda o que resultara, certamente, na diminuição do quadro de funcionários o que, mediatamente, reflete em menor tributação sobre a folha de salário.

Nota-se, então, insofreável prejuízo. Como recurso de manobra da economia interna o Estado minimiza a alíquota concernente aos tributos de ordem extrafiscal replicando, pois, na minimização da carga tributária diminuindo, por consequência, o preço do produto.

Obtém-se, assim, um efeito reverso. Aquece-se o mercado ao invés de se arcar com inevitável revés. Desta forma, então, o Estado, repisemos, atua na condução da economia interna.

---

31 SILVA, Cesar Roberto Leite da; LUIZ, Sinclayr – *Economia e Mercados: Introdução à Economia*, Editora Saraiva, 19ª Edição revista e atualizada, p. 95.

É sabido que uma corporação tem como finalidade precípua a maximização de seus resultados do desempenho de suas funções.

Persegue, portanto, menor custo aliado a maior precificação de seus produtos aumentando, assim, seu lucro. *In suma*, a otimização de resultados das corporações pode ser alcançada para: *(i) maximizar a produção para um determinado custo total;* e *(ii) minimizar o custo total da produção.*

Em qualquer das situações ter-se-á um equilíbrio financeiro da corporação alcançando, pois, seu objetivo.

5.1.5. Modelos de Governança Corporativa no mundo

Conforme vestibularmente dito, os contextos histórico e social, que formam a cultura local de cada sociedade, são responsáveis por ditar o caminho que cada modelo de gestão há de seguir. Afinal, são elementos que, imbricados a outros, formam os valores.

Destarte, os mecanismos de Governança Corporativa adotados em um país e outro, por mais que se assemelhem, guardam divergências, ainda que sigam um modelo padrão, em razão de axiomas coletivos inatos de cada sociedade que, por assim, influenciarão o modo de gestão das empresas.

Por isso, então, trataremos, de forma breve, modelos por nós considerados de maior relevância para o modelo adotado no Brasil. Vejamos:

5.1.5.1. O modelo Anglo-Saxão *Vs* modelo da Europa Continental

Os exercícios do corporativismo de ambos os tipos de gestão são, deveras, extensos de sorte que não se mostra possível delinear com exatidão os dois modelos.

De outra mão, tal divisão propicia uma análise rápida, contudo simplificada destes modelos portando-se como ponto de partida para uma análise mais detida.

Desta sorte, possível se faz separar esses modelos em duas grandes modalidades[32]: *(i) como agentes acionistas no papel de* outsiders*, fortemente presentes em países anglo-saxões; e (ii)* insiders *presente na Europa, excluindo-se, in casu, o Reino Unido.*

O sistema de *outsider* exibe como sistema precípuo de governança um modelo que prima pela estrutura das sociedades das companhias listadas em bolsa de valores.

32 Especialmente nos Estados Unidos da América e no Reino Unido.

Nesse tipo de governança, o controle o controle familiar nas grandes corporações é extremamente raro. Igualmente raro é perceber o Estado como acionista com relevância nas corporações de grande porte.

No que tange à diversificação das operações das empresas, tem-se a presença de tal prática com baixa incidência, com empresas especializadas e, em contranota, maior ausência de empresas de atuação genérica.

Ponto de extrema importância no sistema *outsider* é o papel do mercado de ações no crescimento e financiamento das empresas.

Seus investidores institucionais são de geral, de grande porte e muito ativos. Buscam a maximização da riqueza para os acionistas.

Quanto ao modelo nominado de *insiders*, destaca-se que a estrutura de propriedade das grandes corporações é mais concentrada, com bloco de controle bem definido de forma a atuar fortemente nas atividades da empresa.

Desigualmente ao outro modelo, é comum o controle familiar nas grandes corporações, assim como é frequente ter o Estado como acionista relevante nas mesmas.

No sistema *insiders*, a diversificação das operações das companhias é alta, predominando grandes grupos empresariais igualmente diversificados.

A função desempenhada pelo mercado de ações no crescimento das empresas não é tão importante tendo, em contrapartida, maior participação do mercado de crédito mediante financiamentos bancários e governamentais. Com isso, nota-se a presença de investidores institucionais menor porte e, também de grande porte.

Importa esclarecer que são mais abertas no que tange a participação de *stakeholders* não financeiros, especialmente funcionários.

5.1.5.2. A Governança Corporativa nos Estados Unidos da América

É sabido que os Estados Unidos da América – EUA albergam a maior parte das grandes corporações mundiais. Isso fomenta a aparição, porquanto necessário, de nonéis modelos administrativos tornando-os, portanto, vanguarda no assunto.

Daí por que são exemplo para confecção de modelo de administração. Tanto assim que o modelo de Governança Corporativa hodiernamente praticada em grande parte do mundo nascera nos Estados Unidos da América – EUA na década de 1.980 com o Ativismo de Monks, conforme outrora demonstrado.

Alexandre Di Miceli da Silveira dá conta de que à época, conforme já dissemos, um dos motivos que fomentaram essa prática fora o exacerbado poder exercido pelos CEO's[33] estadunidenses que provocara grande insatisfação dos acionistas das empresas, em especial os fundos de pensões cujo ativismo fora denominado de *corporate governance*.

O ponto culminante da insatisfação observada no mundo corporativo estadunidense, que erguera de vez a bandeira da Governança Corporativa, se dera com a tentativa de aquisição do controle da Texaco em 1.984 pela Chevron[34] que fora inviabilizada por uma série de manobras defensivas efetivadas pelos executivos da Texaco.

Como resultado, o fundo de pensão californiano *California Public Employees Retirement System - CALPERS*, um dos maiores acionistas da Texaco à época, em longo prazo, passaria a ter um papel deveras ativo e não aceitando desempenho similar ao de outros investidores.

O referido fundo de pensão, então, elaborara uma série de problemas a ser enfrentada utilizando-a, *a posteriori*, como pálio para implantação e uso das primeiras recomendações condizentes a Governança Corporativa.

Pari passu a isso, a *California Public Employees Retirement System - CALPERS* participara fortemente na criação da *Council of Institutional Investors - CII*, em 1.985, instituição erguida com escopo de cuidar dos interesses institucionais efetivando a prática de *lobby* para alteração da legislação norte-americana, buscando minimizar problemas desta ordem.

Passaram, também, a acompanhar a prática de governança das suas empresas investidas exibindo na *focus list*[35] as que apresentavam resultados deficitários.

A medida na prática provocara mudanças na Governança Corporativa nos Estados Unidos da América - EUA nos anos 1.990, efetivando um aumento na proporção de membros independentes nos conselhos e demissão dos CEO's de fraco desempenho.

Insta alvitrar que apesar de uma série de problemas que fomentaram o desenvolvimento do movimento da Governança Corporativa nos anos 1.980, o mercado de capitais estadunidense alcançara a confiabi-

33 *Chief Executive Officers.*

34 Empresa de capital aberto, com sede nos Estados Unidos da América, é uma das grandes empresas mundiais do ramo energético, especialmente petrolífero.

35 A *focus list*, ou lista focus em português, indica um rol de ações recomendadas publicados pelo departamento de pesquisa de uma empresa de investimento. De maneira geral, se trata de um diminuto número de ações que a empresa acredita que são as oportunidades mais atraentes no momento.

lidade dos investidores em razão, justamente, do arquétipo legislativo erguido em torno do mundo.

Ainda assim, todavia, no interstício de 2.001 a 2.003 grandes companhias passaram a se portar de forma a questionar a eficiência do modelo corporativo aplicado nos Estados Unidos da América - EUA. Isso propiciara desconfiança dos investidores redundando em uma crise corporativa.

Os escândalos que alimentaram tal crise apontaram problemas no papel desempenhado por outros atores da Governança Corporativa como auditores externos, advogados, analistas de ações, banqueiros e outros.

Nesse contexto, a Lei Sarbane-Oxley capitaneara a resposta legislativa propalada aos problemas daquele momento, trazendo impactos em companhias de todo o mundo.

5.1.5.3. A Governança Corporativa no Reino Unido

Porquanto tenha origem anglo-saxão, apresenta forte semelhança com o modelo norte-americano. Em detrimento dessa similitude, disputa o posto de principal centro financeiro do mundo com Nova York - EUA.

A estrutura de propriedade das grandes empresas é deveras similar com as encontradas naquel'outro com atenuada dispersão acionária e relevante presença de investidores institucionais.

De outra mão, o Reino Unido apresenta algumas diferenças marcantes na operacionalização da Governança Corporativa com relação aos Estados Unidos da América - EUA.

O principal ponto, quiçá, diz respeito às exigências atinentes à regularização *Vs* autorregulação. Os Estados Unidos da América - EUA marcha a largos passos para implementação de modelos de governança cada vez mais exigentes, especialmente em razão dos elementos trazidos pela Lei Sarbanes-Oxley, bem como pelo *Securities and Exchange Commission - SEC*[36].

O Reino Unido, por seu turno, adotara outro perlustrar fundado, especialmente, na autorregulação erigida na elaboração de códigos de Governança Corporativa por representantes de mercado.

Com isso, no decorrer do desenvolvimento deste modelo de governança, problemas de gestão foram identificados.

36 Comissão de Valores Mobiliários norte-americana.

A solução proposta fora a seguinte:

> *i) definição de uma comissão composta por representantes de diversas entidades com o escopo de estudar o tema de forma aprofundada;*
>
> *ii) elaboração de um documento propedêutico para consulta pública;*
>
> *iii) recebimento de comentários e sugestões dos atores de mercado, discutindo os pontos de maior relevância;*
>
> *iv) apresentação da versão definitiva do código de Governança Corporativa;*
>
> *v) adoção do princípio do comply or explain*[37] *em relação ao código de governança.*

O resultado final culminara na feitura de diversos códigos de Governança Corporativa desde o início da década de 1.990.

Outra importante diferença entre os dois modelos diz respeito ao exercício dos cargos de liderança dentro das corporações.

Nos Estados Unidos da América – EUA as companhias, de geral, congregam na mesma pessoa o exercício das funções de presidente do conselho e diretor-presidente.

No Reino Unido, por sua vez, sobressai a presença de conselheiros independentes atuando, normalmente, como presidentes do órgão.

Com o fito de melhor exemplificar os modelos em debate, atentemos aos seguintes quadros explicativos:

Governança Corporativa nos Estados Unidos da América – EUA Principais características de Governança Corporativa	
Estrutura de propriedade das empresas	• Grandes empresas com estrutura de propriedade dispersa; • Ínfima proporção de grandes corporações sob controle familiar ou de grupos financeiros de grande porte; • Acionistas fraca influência e executivos, ao contrário, com forte participação no controle das grandes empresas, predominando a disputa acionistas *Vs* executivos.

37 Pratique ou explique.

Ativismo dos investidores institucionais	• Investidores com desempenho de papel relevante; • Fundos de pensão de grande porte como principais representantes; • Atuam com acionistas minoritários, propulsionando a adoção de melhores práticas de Governança Corporativa.
Estrutura e funcionamento dos conselhos	• Conselhos com elevada proporção de membros independentes; • Restritiva definição do conceito de conselheiro independente; • Obrigatoriedade do estabelecimento de três comitês do conselho para listagem em bolsa, compostos por indivíduos independentes e com atribuições previamente definidas.
Cargos de presidente do conselho[38] e CEO	• Os dois cargos são, em geral, ocupados pela mesma pessoa; • Tendência de separação dos cargos e menos definição de um papel alternativo de conselheiro independente.
Principais temas atuais de Governança Corporativa	• Maior poder de decisão dos acionistas na definição de remuneração dos executivos; • Maior atenção ao funcionamento dos comitês de remuneração; • Definição de regras que assegurem a independência das consultorias de remuneração de executivos; • Criação de comitês de risco nos conselhos, buscando, assim, o aprimoramento de supervisão dos riscos dos quais a companhia é passível dentre outros.

(Governança Corporativa no Brasil e no mundo: teoria e prática)[39]

38 *Chairman.*

39 SILVEIRA, Alexandre Di Marceli da - *Governança Corporativa no Brasil e no mundo: teoria e prática*, Editora Campus – Elsevier, pp. 145 e 146.

Governança Corporativa no Reino Unido **Principais características de Governança Corporativa**	
Estrutura de propriedade das empresas	• Estrutura de sociedade dispersas nas companhias listadas de forma semelhante aos Estados Unidos da América - EUA; • Predominância do problema executivos *Vs* acionistas.
Ativismo dos investidores institucionais	• Relevante papel dos investidores institucionais; • Fundos de pensão detentores de 1/3, em média, do total de ações das companhias abertas e seguradoras detentoras de cerca de 20% das ações listadas em bolsa de valores; • Ativismo crescente advindo dos investidores institucionais.
Estrutura e funcionamento dos conselhos	• Conselhos com metade dos conselheiros, em média, independentes; • Atuação conjunta entre conselhos e diretoria; • Conselhos com três comitês formados por conselheiros independentes.
Cargos de presidente do conselho e CEO	• Separação total dos cargos de presidente do conselho e diretor-presidente; • Cargo de presidente do conselho ocupado por conselheiro independente.

(Governança Corporativa no Brasil e no mundo: teoria e prática) [40]

Este, então, é o panorama geral dos modelos de Governança Corporativa praticados nos Estados Unidos da América - EUA e no Reino Unido.

5.1.5.4. A Governança Corporativa na Alemanha

O modelo de Governança Corporativa praticado na Alemanha é absolutamente diferente do praticado nos Estados Unidos da América - EUA e no Reino Unido.

40 SILVEIRA, Alexandre Di Marceli da - *Governança Corporativa no Brasil e no mundo: teoria e prática,* Editora Campus - Elsevier, p. 150.

Três características, que reforçam tal diferenciação, merecem destaque. Vejamo-las[41]:

As companhias buscam uma abordagem de equilíbrio dos interesses dos *stakeholders*, o que ocorre por ordem legal;

> i) A alta gestão das companhias abertas (AGs) é efetuada por dois conselhos:
> ii) *Aufsichtsrat*, isto é, Conselho supervisor, instância maior da corporação, composto por representantes dos acionistas e funcionários e o *Vorstand*, incumbido pela operação diária da companhia;
>
> iii) O mercado de ações é limitado no que pertine ao financiamento do crescimento das companhias, com maior desenvolvimento do mercado de crédito.

O divórcio dos axiomas que regem esses modelos de governança não se encerra nos elementos acima estampados. O ambiente praticado nas organizações é de igual sorte diverso daquele encontrado nos Estados Unidos da América – EUA e no Reino Unido.

No modelo alemão há uma concentração acionária notadamente superior aos dos indigitados países. A par disso, Alexandre Di Miceli da Silveira[42] dá conta que:

> *"Em uma análise de 402 companhias alemãs de grande porte, Zhang et al. (2008) constataram que o maior acionista detém em média 59,7% do total do controle das empresas, contra apenas 8,5% das empresas listadas na Bolsa de Nova York. Já Gadhoum et al. (2005), após analisarem 416 companhias abertas alemãs, observaram que apenas 12% não possuem um acionista com mais de 20% do total de ações. Raramente, portanto, uma companhia alemã não possui um bloco de controle definido". (Grifos postos)*

No que tange a composição do Conselho Supervisor, não pode, este, ter mais do que dois membros antigos do Conselho de Gestão da própria empresa.

Nas grandes corporações é de geral, composto por 20 (vinte) pessoas com reuniões trimestrais e mandatos de quatro anos para os membros do conselho.

---

41 SILVEIRA, Alexandre Di Marceli da - *Governança Corporativa no Brasil e no mundo: teoria e prática*, Editora Campus – Elsevier, p. 151.

42 SILVEIRA, Alexandre Di Marceli da - *Governança Corporativa no Brasil e no mundo: teoria e prática*, Editora Campus – Elsevier, p. 151.

Nas GmbHs[43] que contam com mais de 500 (quinhentos) funcionários e nas empresas de capital aberto - AGs[44] - com menos de 2.000 (dois mil) funcionários, os acionistas elegem 2/3 (dois terços) dos membros do Conselho Supervisor, ficando ao talante dos empregados a eleição do restante.

Quando se tratar de empresas com mais de 2.000 (dois mil) funcionários, no entanto, tanto funcionários quanto acionistas têm direito de eleger o mesmo número de membros.

Caso haja empate nas deliberações deste conselho, o presidente, que fora eleito pelos acionistas, detém o voto de minerva.

O Conselho Gestor - *Vorstand*[45] - responsabiliza-se pela gestão diária das operações da companhia e, por isso, remete-se ao Conselho Superior.

Ao se reportar a tal conselho, se refere, mormente, aos seguintes temas:

> *i) previsão de estratégia e política negocial;*
>
> *ii) rentabilidade e transações de impacto significativo sobre a rentabilidade ou liquidez da empresa.*

O Conselho Gestor é normalmente composto de cinco a dez membros eleitos para um mandato de, no máximo, cinco anos porquanto assim explicita prescrição em lei.

Elemento de importância e que, por isso, merece destaque diz respeito à Diretoria Executiva que, notadamente, percebe atuação e se submete a imposições diferentes modelos adotados pelas corporações brasileiras e anglo-saxão.

O *Aufsichtsrat* - Conselho Supervisor - desempenha função de vitanda importância no que toca ao acompanhamento da alta gestão, envolvendo-se, apenas, em questões de relevante importância.

Nesse compasso, exibe precipuamente duas atribuições:

> *i) negociar, supervisionar, definir a remuneração, aconselhar e demitir membros do Conselho de Gestão;*
>
> *ii) garantir a integridade e precisão das demonstrações financeiras da companhia.*

---

43 Abreviação da nomenclatura *Gesellschaft mit beschrankter Haftung*, usada para se referir a empresas com responsabilidade limitada de seus sócios.

44 Sigla que abrevia o nome *Aktiengesellschaft*, aludindo a companhias que emitem ações passíveis de negociação em bolsa de valores.

45 Conselho gestor.

Na sua composição, não se permite mais que dois membros do antigo Conselho de Gestão da própria casa.

Nas empresas de maior porte, o referido conselho é composto por vinte pessoas, com reuniões trimestrais e mandatos de quatro anos para seus membros.

Nas GmbHs que contam com mais de 500 (quinhentos) funcionários, bem como nas AGs - empresas de capital aberto - com menos de 2.000 (dois mil) funcionários, os acionistas são responsáveis pela eleição de 2/3 (dois terços) dos membros do conselho em comento, ao passo que aos funcionários cabe eleger o restante dos membros.

Nas AGs que tenham mais de 2.000 (dois mil) funcionários, entretanto, tanto os acionistas quanto os empregados detêm o mesmo tanto de direito a voto.

Desta feita, um conselho superior de uma grande corporação que conte com vinte pessoas será, notemos formado por dez representantes dos acionistas e dez representantes dos empregados.

Em caso de empate nas deliberações, o voto de minerva fica ao talante do presidente do conselho que, frise-se, é escolhido pelos acionistas.

Quanto o *Vorstand,* é este responsável pela rotina administrativa de uma empresa remetendo-se, todavia, ao Conselho Supervisor.

É composto, em geral, por cinco a dez membros eleitos para um mandato máximo de cinco anos, até porque é este o período máximo permitido em lei.

A diretoria executiva presente neste a diferencia do Conselho Gestor. Aliás, trata-se de um elemento geralmente presente tanto nas empresas anglo-saxão quanto nas brasileiras.

Conta com diretor-presidente sobreposto hierarquicamente aos demais diretores. Assim, a legislação alemã oferece ao *Vorstand* poderes como órgão, impondo-lhe um agir coletivo.

De outra mão, permite a figura de um presidente ou cargo análogo que exerça liderança. Denomina-se, tal figura, de *speaker*, isto é, porta voz da instituição.

Todos os diretores têm direito a voto. Urge alvitrar, no entanto, que são todos pessoalmente responsáveis pela coordenação dos trabalhos o que os leva à incessante busca do consenso.

Dando linhas finais, destaca-se que o modelo alemão de Governança Corporativa busca estribo na premissa de que o objetivo da empresa é atender os interesses dos *stakeholders*, bem como da sociedade como um todo.

5.1.5.5. A Governança Corporativa na França

Nota-se que historicamente o Estado atua efetivamente na atividade econômica do país. Como resultado, vislumbra-se, com clareza, o governo como atuante acionista e, por muitas vezes majoritário, das grandes corporações francesas ao longo do século XX.

Ladeando o Estado, o controle familiar e a alta concentração acionária estão de igual sorte, fortemente presente nas corporações francesas.

Com efeito, nos anos 1.990 viu-se forte onda de privatização na França o que provocara inevitável diminuição da participação do Estado no ambiente empresarial.

Como consequência tem-se um mercado mais ativo reclamando, pois, adoção de "melhores práticas", ou seja, dos postulados da Governança Corporativa.

A estrutura da Governança Corporativa na França é deveras peculiar. Coexistem dois modelos, quais sejam os denominados *Sistema I* e *Sistema II*.

O Sistema I, maior e mais utilizado, portanto, mais comum. Caracteriza-se por exibir um único conselho de administração com a presença de um líder da organização que congrega os cargos de presidente do conselho e diretor executivo[46].

O Sistema II é um modelo de governança criado pelo governo com inspiração no modelo de Governança Corporativa alemão.

É utilizado por apenas 5% (cinco por cento) das empresas e conta com duas modalidades de conselho: *Conseil de Surveillan*[47] e *Le Directoire*[48].

5.1.5.6. A Governança Corporativa no Japão

O modelo de Governança Corporativa japonês é uma mescla entre *insiders* e *outsiders*. A Governança Corporativa praticada hodiernamente no Japão é resultante de sua história recente.

Com o término da Segunda Grande Guerra, surge e ganha retumbância a ideia de que as corporações deveriam atuar com vistas à uma responsabilidade social efetiva.

46 Recebe a denominação de *Président Directeur Général* – PDG.

47 Conselho de Administração.

48 Diretoria.

As empresas haveriam de contribuir para reconstrução da sociedade equilibrando, para isso, os interesses dos *stakeholders*.

Houvera, então, um pacto estabelecido entre empresas e sindicatos de sorte que estes últimos passaram a cooperar fortemente com aquel'outras.

Em contranota, as empresas passaram a oferecer cargos vitalícios com salários atrativos, baseando-se, pois, na idade e não no desempenho. Trata-se do denominado princípio da senhoridade.

Essa iniciativa de cunho social extrapassara as fronteiras das empresas propiciando ações conjuntas em determinados seguimentos, incluindo a participação dos bancos que, inclusive, financiavam tais campanhas.

Surge com isso o denominado *Keiretsu* que se consubstancia em agrupamentos empresariais caracterizados pelas mesmas iniciativas, o que se convencionou chamar de *"participações acionárias privadas"*.

Esse modelo de colaboração, bem como relação de confiabilidade tem estribo numa tríade formada pelos *stakeholders*, *keiretsu* e foco em receitas, na obtenção destas.

5.1.6. A Governança Corporativa no Brasil. Panorama geral

A Governança Corporativa praticada no Brasil, como não haveria de ser diferente, guarda suas peculiaridades.

Vimos insistindo na formação dos valores que guiam não só as condutas individuais, mas, também, condutas sociais. Dito de outra maneira, o ritmo ditado na sociedade é resultado de uma cultura axiomaticamente dada.

O empirismo, que contribui para a formação de um contexto social e que, por assim, acaba por influenciar num contexto histórico, é fundamental para formação de valores condutores de comportamentos.

Nesse compasso, a Governança Corporativa praticada no Brasil é resultado de giros autopoiéticos eivados de axioma caracterizados pelos elementos liminarmente destacados neste trabalho.

Importa, então, vê-los com maior detença para, então, entender com maior propriedade a governança praticada em solo pátrio.

5.1.6.1. Evolução histórica

Nota-se que historicamente o mercado de capitais pouco contribuíra para o desenvolvimento das corporações no Brasil, sobretudo no século XX.

Diante deste hiato, necessário se fez uma forte atuação estatal com vistas a suprir tal deficiência, o que redundara numa política intervencionista.

Afora isso, o Brasil se postara, também, como um país de política fechada o que inibe a competição das empresas e impede o crescimento do cenário corporativo nacional.

Como consequência, surgira um *stablishment* corporativo tripartite formado por empresas estatais, companhias multinacionais e empresas familiares.

Destacam-se, em especial, os conglomerados que se diversificaram e, a partir de então, se tornaram modelos de Governança no Brasil. Um dos maiores exemplos dessas empresas familiares são as Indústrias Reunidas Francisco Matarazzo.

Francesco Antonio Maria Matarazzo, o Conde Matarazzo, natural de Castellabate, Itália, fora agricultor antes de desembarcar no Brasil em 1.881, na Bahia de Guanabara, aos vinte e sete anos de idade.

Como qualquer imigrante que, à época, buscava guarida no Brasil, Francisco Matarazzo vinha em busca de uma vida melhor e oportunidades de trabalho.

Com um espírito empreendedor inato, trazia da Itália grande quantidade de banha de porco, mercadoria, esta, que utilizaria para iniciar sua atividade mercante no Brasil.

Entretanto, os planos do futuro Conde Matarazzo frustram-se porquanto tenha perdido sua mercadoria quando do desembarque. Despido de qualquer recurso financeiro, estabelece-se em Sorocaba, província de São Paulo, iniciando atividades no comércio de secos e molhados. No decorrer de poucos anos, retoma a produção de banha de porco.

Em 1.890 muda-se para cidade de São Paulo com os irmãos Giuseppe Matarazzo e Luigi Matarazzo e fundam uma empresa nominada Matarazzo & Irmãos.

Passa a diversificar seus negócios importando farinha dos Estados Unidos da América – EUA. Em torno de um ano mais tarde, a companhia se dissolvera dando lugar ao surgimento da Companhia Matarazzo S.A., que já contava com41 (quarenta e um) acionistas minoritários. Passara, esta, a controlar a fábrica de banhas de Sorocaba e uma fábrica, também de banha, em Porto Alegre que era administrada por seu irmão Luigi.

Assim dá início a um verdadeiro império redundando, pois, nas Indústrias Reunidas Francisco Matarazzo, modelo de gestão para grandes empresários brasileiros, em especial nos anos 1.960, 1.970 e 1.980.

Paralelamente a isso, o governo tomara uma série de medidas encorajadoras no que toca aos mercados de ações nos anos 1.970 e 1.980.

Uma das mais importantes ou, quiçá, principal dessas medidas fora a denominada de Fundo 157. Trata-se de uma modalidade de incentivo fiscal onde os contribuintes podiam usar parte do Imposto sobre a Renda – IR devido para aquisição de fundos de ações.

A medida incentivara as empresas a abrirem seu capital, criando, *pari passu*, um mercado de acionistas dentre os quais fundos de pensão, companhias de seguro e outros.

Como consequência, eclodira o denominado "*boom* de 1.971" que se caracterizara como uma bolha especulativa no mercado de bolsa brasileiro.

Tal movimento especulativo, embora tenha tipo curta duração, refletira por vários anos, deprimindo o mercado, trazendo retumbantes prejuízos e maculando, pois, o mercado interno de ações.

Problemas a parte, o volume de empresas crescera consideravelmente de sorte que, ao cabo de 1981, o Brasil contava com cerca de quatrocentas empresas listadas na Bolsa de Valores.

A década de 1.990 fora fortemente marcada pelos processos de privatização das estatais, cujo ponto apoteótico se dera em 1.992 com a alienação da Vale do Rio Doce e da Telebrás.

Como resultado disso, as antigas estatais passaram a ser as companhias mais negociadas na Bovespa ao final da década.

A estratégia de adotar um sistema de privatização, não solucionara, no entanto, os problemas de ordem estrutural do mercado de capitais brasileiro.

Isso porque objetivando a maximização de suas receitas, o governo optara pela venda de blocos de controle a grupos controladores de grande porte.

Afora isso, alterara a Lei das Sociedades por Ações[49] obstando o direito da *tag along*[50] dos acionistas minoritários com o escopo de maximizar o prêmio pelo controle a ser percebido nas privatizações. Isso, é fato, impactava, sobremaneira, de forma negativa a proteção dos investidores de pequeno porte.

---

49 A referida alteração legislativa se dera pela Lei nº 9.457/97.

50 *Tag along* implica no direito dos acionistas detentores de ações ordinárias em perceber parte, ainda que diminuta, do que fora oferecida aos acionistas controladores, caso se efetive eventual alienação do bloco controlador da companhia. Antes do advento da Lei nº 9.457/97, que alterara a Lei das Sociedades por Ações, garantia-se aos acionistas minoritários ordinaristas 100% (cem por cento) a título de *tag along*.

Desta sorte, mesmo com o controle da inflação executado com êxito, em função do sucesso do Plano Real e do plano de privatização instalado de 1.990 a 2.002, o mercado de capitais não prosperara no Brasil como se esperava, em razão, precipuamente, de três elementos:

> *i) insuficiente proteção legislativa aos investidores*[51]*;*
>
> *iii) programas de Governança Corporativa ineficientes e, por vezes, inoperantes nas empresas; e*
>
> *iii) instabilidade intermitente no ambiente macroeconômico.*

O cenário passara a modificar-se, de fato, a partir de 2.004 em razão de melhores condições macroeconômicas, maior qualidade na prática da Governança Corporativa e da implementação paulatina de legislação que busca efetivar uma maior proteção aos investidores.

5.1.6.2. Principais marcos da Governança Corporativa no Brasil

A locução "Governança Corporativa" passara a ser utilizada no Brasil somente no final dos anos 1.990.

Tanto assim que até o Instituto Brasileiro de Governança Corporativa - IBGC, primeira instituição dedicada exclusivamente ao tema e, talvez, a principal em solo nacional, fora fundado, apenas, em 1.995, sob a nomenclatura, à época, de Instituto Brasileiro de Conselheiros de Administração - IBCA.

Isso confirma, minimamente, que pouco se conhecia sobre Governança Corporativa e que, deveras, a assunção da referida nomenclatura se dera no final da década de 1.990.

O tema Governança Corporativa ganhara relevo no Brasil a partir de 1.998, em razão, principalmente, de uma série de conflitos de interesses instalada entre controladores e acionistas minoritários.

A problemática versava sobre a alienação de blocos de controle, tidas como prejudiciais pelos acionistas que não desempenhavam função de controle.

Malgrado atribui-se, também, a maior efetividade do tema Governança Corporativa em razão da aparição de alguns fundos de investimento em ações focados numa ação efetiva na função de acionista, junto às empresas investidas, buscando a obtenção de ganhos em longo prazo.

---

51 Aqui se justifica a ponência de uma lei anti-corrupção, bem como a efetiva adoção de um programa de *compliance* nas empresas.

Esses fundos, que eram denominados de "ativistas", desempenhavam papel essencial no desenvolvimento dos primeiros debates concernentes a Governança Corporativa no Brasil. Isto fomentava mudanças na forma de gerir as empresas no Brasil e propulsionara, também, a adoção das práticas de Governança Corporativa, ainda que de forma embrionária.

No compasso dos eventos supra narrados, o Instituto Brasileiro de Governança Corporativa – IBGC lançara em 1.990 o primeiro Código Brasileiro de Melhores Práticas de Governança Corporativa. Este documento fora o arquétipo das discussões propedêuticas acerca do tema no país.

Ato contínuo, no ano 2.000 o Banco Mundial em parceria com a consultoria McKinsey conduzira um estudo com grande repercussão nas esferas empresariais, apontando que os investidores se dispunham a pagar um prêmio considerável por ações de empresas que exibissem maior transparência e prestação de contas.

No mesmo ano, ainda, fora promovida uma mesa-redonda latino-americana de Governança Corporativa, evento anual promovido pela *Internacional Finance Corporation – IFC*, vertente financeira do Banco Mundial e pela Organização para Cooperação e Desenvolvimento Econômico – OCDE, com o fito de implementar e sedimentar os conceitos de Governança Corporativa e, por conseguinte, fazê-la uma prática definitiva.

Com isso a Governança Corporativa começara a se incorporar na cultura empresarial do Brasil, especialmente após a Bovespa ter lançado os denominados nível 1, nível 2 e novo mercado.

São elementos em ordem crescente no que toca à adequação às exigências atinentes à Governança Corporativa.

Em 2.001 adviera novel texto de lei tratando das Sociedades por Ações. A referida lei introduzira vasta gama de direitos aos acionistas não-controladores, destacando-se o retorno do *tag along* para os acionistas ordinaristas.

Avançando no tempo, em 2.002 a Comissão de Valores Mobiliários – CVM trouxera à sirga uma cartilha intitulada de "Recomendações da CVM sobre Governança Corporativa".

No mesmo ano percebe-se o ingresso de duas companhias no "Novo Mercado da Bovespa", inaugurando-o, portanto. Trata-se do Grupo CCR, antiga Companhia de Concessões Rodoviárias e da Companhia de Saneamento Básico do Estado de São Paulo – Sabesp.

Em 2.005, surgem as primeiras companhias brasileiras com ações efetivamente espraiadas na Bolsa de Valores. Por outros contornos, sem controle acionário definido. A principal delas foram as Lojas Renner S.A[52].

A guisa de esclarecimento, a nomenclatura *"corporation"* é largamente utilizada no meio empresarial para indicar empresa isenta de um acionista principal, sendo gerida, pois, por um corpo de executivos.

No ano seguinte[53] caracteriza-se a primeira iniciativa de aquisição hostil[54] no Brasil, no esteio da infrutífera tentativa de aquisição da Perdigão S.A. pela Sadia S.A.

Em 2.008, algumas empresas que haviam participado de algumas *Initial Public Offering* – IPO's[55] apresentaram erros graves no processo de manuseio das técnicas de Governança Corporativa, destacando-se, neste sentido, o caso da Agrenco.

Este é, pois, uma visão rudimentar e panorâmica do crescimento da Governança Corporativa no Brasil.

5.1.6.3. A Governança Corporativa nas companhias abertas brasileiras

Característica inatas aos países emergentes[56], as companhias brasileiras se caracterizam por elevada concentração acionária e presença de um sócio majoritário.

E, de certo modo, como consequência, o maior entrave corporativo se opera entre acionistas majoritários e acionistas minoritários, girando, as discussões em torno do tema Governança Corporativa.

O cenário transmutara-se, ou ao menos, começara a mudar em 2.004 com a retomada do mercado de capitais brasileiro.

O ano de 2.005 é considerado de relevante importância porquanto tenham surgido as primeiras companhias brasileiras com propriedade mais espraiada.

Essa modificação acentuara as discussões sobre gestão no Brasil tornando-a, por consequência, mais técnica e dificultosa.

52 Fundada em 1.912 por Antônio Jacob Renner.

53 2.006.

54 Forma de aquisição ou de incorporação de empresas de forma truculenta, despida, por vezes, de valores éticos de mercado.

55 Oferta pública inicial.

56 Em razão do atual palco político, discute-se a posição de emergente em relação ao Brasil.

Isso porque mesmo sendo um número diminuto de empresas que se utilizavam de tal modelo, já não se mostrava mais possível reduzir o modelo de governança no Brasil para um único padrão.

Apesar deste entendimento, praticam-se, hodiernamente, dois tipos de Governança Corporativa no Brasil, quais sejam: *(i) modelo tradicional* e *(ii) modelo emergente.*

O primeiro deles, em rudimentar definição, se aplica à maioria das empresas enquanto o segundo, por seu turno, vem paulatinamente ganhando força nas corporações. Aliás, daí vem à denominação "emergente".

5.1.7. Funções dos órgãos na Governança Corporativa[57]

O funcionamento dos órgãos na Governança Corporativa é de primeira importância. Em razão disto, pois, hão de operar em perfeita harmonia com os axiomas da Governança Corporativa.

Os modais de órgãos podem variar, e provavelmente variarão, de um país para outro já que cada um deles assume feições próprias, dada a cultura, legislação e outros elementos locais.

Buscando alumiar questões concernentes a estes, estudemo-los, com a devida detença, em especial os principais setores (órgãos) presentes nos modelos de Governança Corporativa praticados no Brasil.

5.1.7.1. Assembleia Geral

Órgão que ocupa os pináculos de uma corporação no que diz respeito a tomada de decisões dentro de uma corporação. Traduz-se de uma reunião onde os sócios votam e externam suas expectativas atinentes à empresa.

Manifestam-se em duas espécies: *Assembleia Ordinária* e *Assembleia Extraordinária*. Notoriamente que suas prerrogativas dissentem, posto que, se assim não fosse, não haveria motivo plausível para se promover a referida separação.

Nesse cenário, Assembleia Ordinária deve ser realizada uma vez por ano, nos primeiros quatro meses, repise-se. Nessa oportunidade são averiguadas as contas dos administradores

57 O assunto doravante tratado já fora objeto por nós estudado em obra outra, qual seja, **Responsabilidade tributária, atos corruptivos e o alargamento do artigo 135 do Código Tributário Nacional**, Editora Max Limonad, São Paulo, 2.020. Com efeito, dada a natureza do presente trabalho, julgamos necessário trazer à colação, novamente, observações alhures feitas, ainda que deveras semelhantes.

Em razão disto, pois, é deliberada a aprovação das demonstrações contábeis, do orçamento de capital, da remuneração dos administradores, bem como a eleição dos membros do Conselho Fiscal.

No que concerne à Assembleia Extraordinária, tem, esta, a função de deliberar quaisquer outros assuntos de interesse da sociedade, cuja decisão caiba aos acionistas, na condição de proprietários.

Os procedimentos efetivados nas indigitadas assembleias são deveras complexos e, dessarte, buscam arrimo em expedientes outros, que laboram na condição de instrumento auxiliar, buscando propiciar sua efetivação. Vejamo-los:

> • *Definir a ordem do dia, que são os assuntos que serão objetos de deliberação no conclave, não sendo permitida a votação e deliberação de matérias contidas em "assuntos gerais", que servem apenas para avisos e explicações.*
>
> • *Publicar o edital de convocação, que deve conter todas as informações necessárias para o comparecimento e participação dos acionistas.*
>
> • *Colocar os materiais que subsidiarão as decisões dos acionistas à disposição deles com a devida antecedência, para que possam ter tempo hábil de se informar adequadamente sobre as matérias que irão deliberar.*
>
> • *Indicar, entre os acionistas ou seus representantes, um presidente para a assembleia.*
>
> • *Elaborar a ata com o registro da reunião.*
>
> • *Enviar, no mesmo dia de sua realização, a ata da assembleia para a CVM e para a Bolsa de Valores.*
>
> • *Registrar a ata na Junta Comercial.*
>
> • *Publicar a ata registrada.*

Deste modo, então, funcionam as assembleias nos modelos de Governança Corporativa praticados no Brasil.

5.1.7.2. Conselho de Administração e Diretoria Estatutária

Trata-se de dois órgãos de substancial importância do desencadeamento de um modelo de Governança Corporativa eficiente. Desta sorte, devem ser separadamente tratados. É o que doravante faremos.

5.1.7.2.1. Conselho de Administração

O gerenciamento, a condução administrativa da companhia fica ao talante do Conselho de Administração e à Diretoria Executiva, conforme ditam os artigos 138 e 139 da Lei nº 6.404/76. Ei-los:

> *(...)*
>
> *Art. 138. A administração da companhia competirá, conforme dispuser o estatuto, ao conselho de administração e à diretoria, ou somente à diretoria.*
>
> *§ 1º O conselho de administração é órgão de deliberação colegiada, sendo a representação da companhia privativa dos diretores.*
>
> *§ 2º As companhias abertas e as de capital autorizado terão, obrigatoriamente, conselho de administração.*
>
> *Art. 139. As atribuições e poderes conferidos por lei aos órgãos de administração não podem ser outorgados a outro órgão, criado por lei ou pelo estatuto.*
>
> *(...)*

Nas companhias abertas, o Conselho de Administração é obrigatório. Trata-se de órgão de deliberação colegiada cujas atribuições e poderes não podem ser outorgados a outro. A representação da empresa, no entanto, diz respeito exclusivamente à diretoria.

O Conselho de Administração é o órgão responsável por promover o elo entre as decisões dos acionistas e os gestores da sociedade. Destarte, desempenha um papel estratégico na empresa.

Não reclama a presença diária de seus componentes. Deve ser composto por três membros eleitos pela Assembleia de Acionistas, no mínimo.

Em razão do seu caráter estrategista, busca maximizar o potencial da empresa e, por isso, há de atuar com independência sem privilegiar, pois, o interesse de qualquer acionista.

Exibe o Conselho de Administração como objetivo primeiro:

- *Fixar e realizar a orientação geral dos negócios da companhia;*
- *Fiscalizar a gestão dos diretores;*
- *Proteger e valorizar o patrimônio;*
- *Maximizar o retorno dos acionistas;*
- *Garantir que a empresa cumpra os compromissos éticos e sociais;*
- *Evitar ou atuar nos conflitos de interesses;*
- *Conhecer e respeitar os valores da empresa, seus propósitos e a crenças dos sócios;*
- *Difundir a cultura da empresa, sendo "exemplo" de seus fundamentos;*
- *Comparecer e participar com proficiência das reuniões;*
- *Aprovar o código de ética da empresa;*
- *Exercer papel decisivo na definição da estratégia empresarial, aprovando os planos de ação;*
- *Eleger e destituir o principal executivo;*

- *Aprovar limites financeiros para a diretoria e políticas de alçadas (alienação de ativos, aplicações financeiras, créditos etc.);*
- *Aprovar as contas dos administradores (diretores);*
- *Convocar as assembleias gerais;*
- *Manifestar-se sobre o relatório da administração e as contas da diretoria;*
- *Deliberar sobre matérias de sua competência, conforme o estabelecido no estatuto social.*

Malgrado, o Conselho de Administração deve ter um regimento interno que observe as seguintes prescrições:

- *Convocação de suas reuniões;*
- *Estabelecimento do calendário de suas reuniões;*
- *Acesso e a guarda de documentos que devam examinar;*
- *Quóruns de deliberação;*
- *Eleição de seu presidente.*

Na regência da lei brasileira, o Conselho de Administração é órgão de deliberação colegiada, conforme outrora apontamos. Por isso, suas atas hão de ser arquivadas no registro de comércio e, de igual sorte, publicadas para que todos que desejem tenham acesso.

Este arquivamento, que será levado à efeito na Junta Comercial condizente, submete-se a um trâmite legal. Unidamente, a Comissão de Valores Mobiliários – CVM e a BM&F – Bovespa exigem que tais atas sejam disponibilizadas para eventual consulta no prazo máximo de 24 (vinte e quatro) horas ao mercado.

Para tanto, dispõe-se de um meio eletrônico de divulgação de informações, qual seja, o Sistema de Envio de Informações Periódicas e Eventuais IPE que possibilita o atendimento da publicação da ata em comento.

5.1.7.2.1.1. Pré-requisitos para formação e mandato do Conselho de Administração

A Comissão de Valores Mobiliários – CVM deixara de exigir que os membros do Conselho Administrativo sejam acionistas da companhia.

Com efeito, se domiciliado no exterior, o membro haverá de ter um procurador residente no país, com poderes para receber citação, com prazo de validade de até três anos após o encerramento do mandato.

Consoante a legislação vigente o mandato do membro do Conselho Administrativo terá a duração de três anos, apesar do Código de Boas-condutas de Governança Corporativa sugerir que a eleição se dê anualmente e que o membro seja regularmente submetido à votação na Assembleia de Acionistas.

O sujeito que traja o cargo de conselheiro no Conselho Administrativo das companhias poderá ser reeleito. Nesse contexto, importante observar que acionistas de ações preferenciais que consigam congregar 10% (dez por cento) do capital social da empresa, têm o direito de eleger em separado um membro para o Conselho Administrativo.

A mesma sorte seguem os acionistas não controladores, detentores de ações ordinárias, portanto, quando detentores de até 15% (quinze por cento) do capital social.

As eleições, por guardarem características próprias, haverão de ocorrer separadamente sem quaisquer intervenções dos acionistas controladores.

No Brasil, contudo, tal prática é rara de sorte que se formam, com certa frequência, poucos grupos ativos liderados por acionistas controladores que buscam alinhar a atuação da empresa aos seus interesses comuns. É uma prática usual nas empresas familiares.

5.1.7.2.2. Diretoria Estatutária

A Diretoria Estatutária será inexoravelmente formada por dois ou mais diretores eleitos e destituíveis a qualquer tempo pelo Conselho de Administração; caso a empresa não tenha um Conselho de Administração formado, cabem, tais múnus, à Assembleia Geral.

Submetendo-se sempre os comandos mínimos trazidos em lei, cabe ao estatuto de cada empresa determinar o número mínimo e máximo de diretores, modo de substituição, bem como o mandato que, assim como no caso dos conselheiros do Conselho de Administração, não há de passar de três anos.

Tal-qualmente ao caso do referido conselho, as boas práticas de Governança Corporativa recomendam que apesar do interstício de três anos estampado em lei, a votação para escolha do corpo diretivo e seus respectivos mandatos se dê ano a ano.

As atribuições de cada diretor haverão de estar esculpidas no estatuto da companhia de sorte que, por assim, as matérias por estes discutidas e decididas em reuniões de diretoria deverão igualmente neste estar previstas.

Consoante às recomendações dos postulados da Governança Corporativa, os diretores das companhias devem ser residentes no país.

Essa indicação, notemos, não é infundada. Empiricamente resta demonstrado que as empresas, adotantes dos modelos da Governança

Corporativa, cujos diretores residiam em países diversos daquele que aloca a instituição, quedaram-se silentes em momentos de relevante importância para corporação, frustrando, inclusive, votações e resoluções de vital valor.

Daí por que, repisemos, entende-se desejável que estes residam no mesmo país em que se encontra o corpo diretivo da empresa.

Cabe esclarecer, neste particular, que diretor estatutário é aqui entendido como o sujeito investido de cargo[58] com poderes e deveres delineados no estatuto da empresa.

Desta feita, não há de se confundir com a tradicional figura do diretor empregado ou simplesmente "diretor" como é conhecido e que, por sinal, subordina-se ao diretor estatutário.

Seguindo na seara da transparência[59] pregada pela Governança Corporativa, a remuneração e eventuais benefícios dos diretores estatutários são, anualmente, estabelecidos em assembleia e devidamente consignado em ata.

5.1.7.3. Conselho Fiscal

As corporações administradas sob os comandos trazidos pelas práticas de Governança Corporativa haverão de ter um Conselho Fiscal cuja instituição e funcionamento haverão de estar contidas no contrato social da empresa.

Poderá ser permanente, ou de outra mão, ter duração determinada por decisão dos acionistas que, aliás, serão os responsáveis por pedir sua instalação nos casos em que seu funcionamento não for intermitente.

O Conselho Fiscal será forjado por, no mínimo três e, no máximo, cinco componentes que serão eleitos em Assembleia Geral, no caso de funcionamento permanente.

Quando de formação e atuação temporária, no entanto, uma Assembleia Geral será instalada, a pedido de qualquer acionista que detenha 10% (dez por cento) de ações com direito a voto e 5% (cinco por cento) sem direito a voto para tal fim.

O mandato de um conselheiro fiscal dar-se-á no lapso temporal que medeia suas assembleias tendo início, pó evidente, naquela que o elegera, podendo ser reeleito.

58 Investidura trazida pelo contrato social.

59 *Disclosure.*

Havemos de atentar que os membros dos órgãos da administração, empregados da corporação, cônjuge ou parente de até terceiro grau dos administradores da empresa, restam impedidos de ocupar o cargo e desempenhar a função de conselheiro fiscal.

As funções exercidas pelos conselheiros fiscais são indelegáveis e o ocupante de tal cargo há de ser, necessariamente, pessoa natural, residente no país, portador de diploma universitário e, também, contar com experiência mínima de três anos como administrador de empresa ou de conselheiro fiscal em outra companhia.

É de competência do Conselho Fiscal:

- *Fiscalizar os atos dos administradores e verificar o cumprimento dos seus deveres legais e estatutários;*
- *Opinar sobre as demonstrações financeiras anuais e relatório da administração, emitindo o seu parecer para a deliberação da assembleia geral;*
- *Opinar sobre as propostas dos órgãos da administração a serem submetidas à assembleia geral, relativas;*
    - *à modificação do capital social;*
    - *à emissão de debêntures;*
    - *aos bônus de subscrição;*
    - *aos planos de investimentos;*
    - *aos orçamentos de capital;*
    - *à distribuição de dividendos;*
    - *à transformação, incorporação, fusão ou cisão;*
- *Denunciar, por qualquer dos seus membros, aos órgãos de administração – e, se estes não tomarem as providências necessárias para a proteção dos interesses da companhia, à assembleia geral – os erros, fraudes ou crimes que descobrirem, e sugerir providências úteis à companhia;*
- *Convocar a assembleia geral ordinária, se os órgãos da administração retardarem por mais de um mês essa convocação, e a extraordinária, sempre que ocorrerem motivos graves ou urgentes, incluindo na agenda das assembleias as matérias que considerarem necessárias;*
- *Examinar, ao menos trimestralmente, o balancete e demais demonstrações financeiras elaboradas periodicamente pela companhia;*
- *Examinar as demonstrações financeiras do exercício social e sobre elas opinar;*
- *Exercer essas atribuições durante a liquidação, tendo em vista as disposições especiais que a regulam;*
- *Assistir às reuniões do Conselho Administrativo, se houver, ou da diretoria, em que se delibera sobre os assuntos que devam opinar;*
- *Pedir esclarecimentos ou informações aos auditores independentes;*
- *Contratar contadores ou auditores (se a empresa não os tiver), desde que os preços sejam compatíveis com os praticados na praça;*

- *Fornecer ao acionista ou grupo de acionistas que representam, no mínimo, 5% do capital social, sempre que solicitadas, informações sobre matérias de sua competência;*
- *Pedir a contratação de perito (indicando três nomes e a diretoria escolhe um), com justificativa, para assuntos relacionados ao desempenho de suas funções;*
- *Comparecer às reuniões da assembleia geral e responder aos pedidos de informações formulados pelos acionistas;*
- *Os órgãos de administração são obrigados, por meio de comunicação por escrito, a colocar à disposição dos membros do Conselho Fiscal, dentro de dez dias, cópias das atas de suas reuniões e, dentro de quinze dias do seu recebimento, cópias dos balancetes e demais demonstrações financeiras elaboradas periodicamente e, quando houver, dos relatórios de execução de orçamentos;*
- *O Conselho Fiscal, a pedido de qualquer dos seus membros, solicitará aos órgãos da administração esclarecimentos ou informações, desde que relativas à sua função fiscalizadora, assim como a elaboração de demonstrações financeiras especiais;*
- *Os pareceres do Conselho Fiscal ou de qualquer um dos seus membros poderão ser lidos na assembleia, independentemente de publicação e ainda que a matéria não conste da ordem do dia;*
- *O membro do Conselho Fiscal não é responsável pelos atos ilícitos de outros membros, salvo se com eles foi conivente, ou se concorrer para a prática do ato;*
- *A responsabilidade dos membros do Conselho Fiscal por omissão é solidária, mas dela se exime o membro dissidente que fizer consignar sua divergência em ata da reunião do órgão e a comunicar aos órgãos de administração e à assembleia geral.*

5.1.7.3.1. Remuneração do Conselheiro Fiscal

A remuneração dos conselheiros fiscais será estipulada na Assembleia Geral que os elegera.

Não haverá de ser inferior, para cada membro em exercício, a 10% (dez por cento) da remuneração fixada para cada diretor estatutário.

Não obstante a isso, será obrigado o reembolso das despesas de locomoção e estadia necessárias para o desempenho da função.

A redação das recomendações atinentes à Governança Corporativa induzira avolumado número de empresas a praticar o mínimo legal de 10% (dez por cento) como remuneração de seus conselheiros fiscais.

Ocorre que em razão de muitas empresas perfilharem o sistema de remuneração variável nos honorários de seus diretores estatutários, o valor referente ao pagamento dos conselheiros fiscais se mostra deveras baixo.

Por conta disto, então, nota-se, por desestímulo, um afastamento de profissionais experientes e gabaritados para o cargo.

5.1.7.4. Comitê de Auditoria

O Comitê de Auditoria é um órgão usualmente presente nas gestões corporativas praticadas nas corporações norte-americanas e europeias.

Conserva vínculo com o Conselho Administrativo que, de se destacar, o constitui e, por assim, estabelece suas funções e aprova sua composição.

As funções que lhes são tradicionalmente atribuídas são: *(i) supervisão da integridade e da qualidade das práticas contábeis e dos demonstrativos convencionas de resultados; (ii) verificação da conformidade dos atos da administração em relação ao ordenamento legal e aos estatutos sociais; (iii) orientação das relações da companhia com os analistas, os mercados e os investidores;* e *(iv) levantamento e análise de riscos.*

O Relatório Cadbury que, como devidamente ressaltado, fora um dos eventos corporativos constituintes da Governança Corporativa hodiernamente praticada, apontara, expressamente, o Comitê de Auditoria como um elemento nuclear dos sistemas de controle da prática de Governança Corporativa.

Neste sentido, pois, apontara os relatórios em relevo[60]:

> *"O Comitê de Auditoria deverá ter autoridade explícita para investigar qualquer assunto em sua alçada de responsabilidade, os recursos para efetuar investigações, para total acesso a informações e para assegurar-se de que nenhum ponto de preocupação deixe de ser solucionado. O Comitê de auditoria poderá recorrer a aconselhamento profissional externo e, se necessário, convidar peritos de fora com reconhecida experiência para participar de suas reuniões" (Grifos postos).*

Com o surgimento da Lei Sarbanes-Oxley, o Comitê de Auditoria se torara um órgão d presença obrigatória nas empresas estadunidenses, para companhias abertas, inclusive para aquelas sediadas no exterior e que estejam listadas no mercado norte-americano.

A *Securities and Exchange Commission – SEC* estabelecera normas condizentes ao comitê em debate dando ênfase ao seu foco – *full and fair disclosure* – suas funções – assegurar *accontability* – e sua constituição – independência plena, garantida por dois critérios de averiguação: *affiliated person* e *compensatory fees.*

---

60 CADBURY COMMITTEE. *The report of the committee on financial aspects of corporate governance.* London. Cadbury Committee, Dez. 1992. Mimiografado, *in* ANDRADE, Adriana; ROSSETTI, José Paschoal – *Governança Corporativa*, 5ª edição, São Paulo, Editora Atlas, 2011, p. 271.

No que concerne à sua extensividade, há certa divergência entre as empresas que não são de origem norte-americana.

Alegam simetria de função exercida pelo Comitê de Auditoria e outros órgãos ínsitos à Governança Corporativa, o que o tornaria um setor de funções embalde.

No Brasil, à guisa de exemplo, entende-se que um Conselho Fiscal montado a contento e que, por conta disto, atenda os comandos da Lei Sarbanes-Oxley supre as funções do Comitê de Auditoria.

Há de outra banda, os que entendem necessária a presença do Comitê de Auditoria porquanto sua ausência redundaria numa lacuna no acompanhamento das operações e estratégias corporativas.

5.1.7.5. Auditoria Independente

As funções conferidas à Auditoria Independente se concentram na análise de demonstrações contábeis das empresas com o escopo de conferir se no desempenho das funções, nas operações da empresa as normas exigidas são efetivamente compridas. Isso tanto para legislação nacional quanto para estrangeira.

Há de verificar, igualmente, se as escriturações contábeis refletem as reais condições da empresa no que tange ao resultado apresentado, bem como às variações patrimoniais.

De se notar, as funções do auditor independente interessam, de perto, ao Conselho Administrativo e, principalmente aos investidores do mercado de capitais.

No Brasil, a Lei das Sociedades Anônimas destaca a Auditoria Independente estabelecendo que *"as demonstrações financeiras das companhias abertas observarão as normas expedidas pela CVM e serão obrigatoriamente auditadas por auditores independentes registrados na mesma comissão"*[61]. (Grifos postos)

61 Lei 6.404/76 - Art. 177. A escrituração da companhia será mantida em registros permanentes, com obediência aos preceitos da legislação comercial e desta Lei e aos princípios de contabilidade geralmente aceitos, devendo observar métodos ou critérios contábeis uniformes no tempo e registrar as mutações patrimoniais segundo o regime de competência. § 1º As demonstrações financeiras do exercício em que houver modificação de métodos ou critérios contábeis, de efeitos relevantes, deverão indicá-la em nota e ressaltar esses efeitos.§ 2º A companhia observará exclusivamente em livros ou registros auxiliares, sem qualquer modificação da escrituração mercantil e das demonstrações reguladas nesta Lei, as disposições da lei tributária, ou de legislação especial sobre a atividade que constitui seu objeto, que prescrevam, conduzam ou incentivem a utilização de métodos ou critérios

No que diz respeito às exigências e funções a serem efetivadas pelos auditores independentes, havemos de destacar:

Exigências:

i) Independência profissional: não há de exibir qualquer vínculo profissional com a empresa auditada de qualquer natureza;

ii) Independência financeira: *deve ter baixa ou nenhuma dependência financeira relativamente à companhia auditada;*

iii) Capacitação: *as habilidades técnicas dos auditores haverão de serem certificadas por órgãos de controle como, por exemplo, o* American Institute of Certificad Public Accontantes *nos Estados Unidos da América – EUA ou Instituto dos Auditores Independentes no Brasil;*

iv) Atualização: *deve guardar harmonia com as mudanças legislativas e por assim, obedecê-las integralmente.*

Funções:

> ***i) Verificação de conformidade:*** *conferir se a situação da corporação exarada pela Direção Executiva desta reflete, deveras, a realidade da empresa;*
>
> ***ii) Atuação quanto a erros e irregularidades:*** *apontar soluções à administração para que sejam sanados eventuais erros;*
>
> ***iii) Avaliação dos controles:*** *avaliar a qualidade dos controles internos, mormente no que diz respeito a prevenção a fraudes;*

Indicação de preocupações relevantes: *reportar ao Comitê de Auditoria ou ao Conselho de Auditoria na falta daquele, riscos provindos de equívocos contábeis, discordância de métodos e deficiências importantes.*

---

contábeis diferentes ou determinem registros, lançamentos ou ajustes ou a elaboração de outras demonstrações financeiras I – (revogado); II – (revogado). § 3° As demonstrações financeiras das companhias abertas observarão, ainda, as normas expedidas pela Comissão de Valores Mobiliários e serão obrigatoriamente submetidas a auditoria por auditores independentes nela registrados. § 4º As demonstrações financeiras serão assinadas pelos administradores e por contabilistas legalmente habilitados. § 5° As normas expedidas pela Comissão de Valores Mobiliários a que se refere o § 3° deste artigo deverão ser elaboradas em consonância com os padrões internacionais de contabilidade adotados nos principais mercados de valores mobiliários. § 6° As companhias fechadas poderão optar por observar as normas sobre demonstrações financeiras expedidas pela Comissão de Valores Mobiliários para as companhias abertas. § 7° (Revogado).

Neste sentido, pois, deve trabalhar a Auditoria Independente.

5.1.7.6. Auditoria Interna

A Auditoria Interna não é um órgão de exclusividade da prática da Governança Corporativa.

Por esse motivo, então, é encontrada em empresas que, inclusive, não adotam os modelos de Governança Corporativa hoje conhecidos.

Direcionando suas funções para empresas geridas nos moldes da Governança Corporativa, a Auditoria Interna prima por organizar, internamente, a empresa de modo a possibilitar a implementação e funcionamento de um programa de *compliance.*

A edição de normas internas e, especialmente, a ponência de um código de ética deve ser objetivos a serem perseguidos pela Auditoria Interna.

O *empowerment*[62] da Auditoria Interna, porquanto com foco em riscos, se mostra de relevante importância para Governança Corporativa, especialmente na medida em que imbrica suas atividades com aquelas exercidas pelos demais órgãos.

Mostra-se, portanto, elementos de grande valor nas operações internas.

5.1.7.7. A nova Lei das Sociedades Anônimas

A edição da Lei nº 10.303/2001, que reformara a Lei das Sociedades Anônimas, qual seja a Lei nº 6.406/76 e suas difluentes, vigentes à época – Lei nº 6.385/76 e Lei nº 9.457/97 buscara robustecer, por via legal, a proteção aos acionistas minoritários e, por conseguinte, aperfeiçoar o mercado de capitais brasileiro.

Como cediço, a Lei nº 6.385/76 inaugurara no direito pátrio regramentos concernentes ao mercado de valores mobiliários e, por assim, criara a Comissão de Valores Mobiliários – CVM.

A Lei nº 6.404/74, por seu turno, apresentara normas que especificam as Sociedades Anônimas, com pormenores, sendo, mais adiante, modificada pela Lei nº 9.457/97, implementada à beira de

62 *Empowerment* **implica em** um conceito de Administração de Empresas que indica a ideia de "**descentralização de poderes**", isto é, assevera que uma maior participação dos trabalhadores nas atividades da empresa ao lhes ser dada maior autonomia de decisão e responsabilidades.

privatizações que mutilaram sobremaneira os direitos dos acionistas minoritários.

A disparidade de poderes entre acionistas controladores e acionistas minoritários é visto com hialina clareza na Lei nº 6.4040/76. As empresas poderiam, à época, emitir até 2/3 (dois terços) de ações preferenciais não votantes ao passo que os acionistas controladores, por outros torneios, dispunham de maior parte do capital votante, aqui representados pelas ações ordinárias.

Nessa seara, não podiam exercer voto contrário ao interesse dos controladores ficando, pois, ao arrepio dos desmandos desta categoria de acionista.

Insta ressaltar que no Brasil os detentores de ações preferenciais, por isso nominados acionistas preferencialistas, não têm direito a voto, mas têm, entretanto, permissa para participar das reuniões de acionistas.

Entretanto, caso a empresa deixe de efetuar o pagamento dos dividendos fixos ou mínimos garantidos aos titulares de ações preferenciais pelos períodos fixados no estatuto, não superior a três anos consecutivos, os acionistas terão de direito a voto garantido até o próximo pagamento de dividendos.

Volvendo-se para o pretérito, nota-se que a Lei nº 9.457/97, que viera à baila com o fito de viabilizar a privatização dos setores elétrico e de telecomunicação, em especial, representara um retrocesso aos direitos dos acionistas minoritários.

O texto legal sublinhado revogara a divisão do *tag along*, isto é, não havia mais a divisão do prêmio pelo controle.

Desta monta, percebe-se que se objetivava, em verdade, permitir que o governo pudesse receber um maior valor pela venda do controle das empresas estatais.

Sob essa óptica, havia um descompasso que marchava em desfavor dos acionistas minoritários.

Buscando equalizar a situação ainda que de forma insatisfatória, a legislação em tela estabelecia algumas vantagens em obséquio das ações preferenciais.

Sublinha-se, como exemplo, uma superioridade de 10% (dez por cento) das ações preferenciais em relação às ordinárias, bem como o fortalecimento dos poderes da Comissão de Valores Mobiliários – CVM.

Surge com o correr do tempo a Lei nº 10.303/2001. Com esta vem, também, maior proteção aos acionistas minoritários.

Grifa-se, neste sentido, a mudança da proporção de ações especiais de 2/3 (dois terços) para 50% (cinquenta por cento) do capital total.

Hodiernamente, entretanto, a proporção de 50% (cinquenta por cento) só se mostra obrigatória para empresas que optarem por abrir seu capital após a edição da referida lei. Caso contrário, poderão manter o montante de 2/3 (dois terços), inclusive no que toca a novas emissões.

Trouxera o retorno do direito de recesso quando houver cisões da companhia que redundem na mudança do objeto social desta. Exceção ao direito de regresso se faz quando o acionista é titular de ações com liquidez[63], assim como com dispersão no mercado[64].

Grafa, de igual feita, a redução do dividendo obrigatório e, em caso de alienação de controle, a volta da obrigatoriedade do *tag along*, garantindo, com isso, um preço mínimo de 80% (oitenta por cento) do bloco de controle.

Caso se pretenda fechar o capital da empresa, o acionista controlador há de efetuar uma oferta pública que deve versar sobre o total de ações em circulação.

No que diz respeito à operação, a empresa deve oferecer preço considerado justo, conforme parâmetros habitualmente praticados no mercado, construído a partir do fluxo de caixa, na composição de múltiplos, na cotação de ações no mercado, no patrimônio líquido contábil e no patrimônio líquido da companhia.

Quanto às ações preferenciais sem direito a voto, só podem, estas, ser negociada caso exibam dividendo, no mínimo, 10% (dez por cento) superior ao da ação ordinária; prioridade no recebimento de um dividendo mínimo de 3% (três por cento) do valor do patrimônio líquido da ação ou *tag along* de 80% (oitenta por cento) do preço da venda da empresa.

Buscando prestigiar o acionista minoritário e, com isso, dando-lhe maior representatividade, o percentual mínimo para votação de um conselheiro de administração progredira para 15% (quinze por cento) das ações ordinárias.

Os acionistas preferenciais, por seu turno, têm, doravante, direito a um conselheiro caso atinjam 10% (dez por cento) do capital total.

Importante ressaltar que os acionistas ordinários e preferenciais podem congregar suas ações com o escopo de atingir tal percentual necessário.

63 Presença em índice geral representativo de carteira de valores mobiliários.

64 Dá-se quando o acionista controlador detém menos de 50% (cinquenta por cento) do capital.

Outro aspecto importante trazido pela Lei nº 10.303/2001 diz respeito à autonomia atribuída à Comissão de Valores Mobiliários – CVM.

A liberdade comentada dá-se, precipuamente, com a transformação da Comissão de Valores Mobiliários – CVM em autarquia, sob regime especial, com personalidade jurídica e patrimônio próprios, autonomia financeira, orçamentária e política.

Não bastasse isso, a lei tipifica os crimes contra o mercado de capitais dando, pois, menos margem para operações informais.

O diploma legal aqui analisado, então, mostra-se de fundamental importância para as práticas de governança no Brasil.

5.1.7.8. Código de Boas Práticas de Governança Corporativa do Instituto Brasileiro de Governança Corporativa – IBGC

A iniciativa de confeccionar de um Código de Boas Práticas de Governança Corporativa se dera na Inglaterra com o Código Cadbury.

A partir de então, despontaram mais de cinquenta códigos desta qualidade pelo mundo.

Desta feita, com o surgimento de tantos códigos de Boas Práticas de Governança Corporativa, fora possível classificá-los em três categorias, a saber: quanto a *normas, país* ou *indústria*.

Apesar de diferençarem-se entre sim por serem oriundos de países diversos, com culturas diferentes, os referidos códigos apresentam grande similitude. Deste modo, aparecem, também, a figura de auditores, conselheiros e outros profissionais insertos em programas de Governança Corporativa.

Tomando conhecimento e ulterior contato com essa diversidade de códigos, o Instituto Brasileiro de Governança Corporativa – IBGC, em 1.999, publicara o primeiro Código de Boas Condutas do Brasil que primava pela estrutura e formação dos conselhos e na minimização dos conflitos de interesse.

Com a marcha temporal, versões outras de Código de Boas Práticas de Governança Corporativa foram criadas dando maior importância, no entanto, a auditoria independente, conselho fiscal, transparência e ética.

Trata-se de um instrumento facultativo às empresas. O Código de Boas Práticas de Governança Corporativa tem como arquétipo a prestação de contas (*accontability*), equidade, transparência e responsabilidade corporativa, sem prejuízo de outros elementos que corroborem com seus propósitos. Dão-se, com isso, linhas finais a este assunto no trabalho em tela.

5.2. Dos princípios informadores do *compliance*

Como de geral conhecimento, todo campo científico, para assim ser reconhecido, reclama independência, isto é, autonomia científica. E para tanto, há de exibir postulados que lhes são próprios.

O *compliance*, como já dito, diflui da Governança Corporativa, já que desabrocha como uma de suas pilastras. Com efeito, ganhara tamanha relevância que, hodiernamente, exibe um arcabouço próprio.

Chamemo-los, doravante, de "princípios informadores do *compliance*". É o que passaremos a analisar neste subtópico.

5.2.1. As pilastras do compliance

Insta salientar, de início, que traremos um recorte rente às questões que diretamente interessam ao presente trabalho. Destarte, resta evidente que há vasto campo que antecede os pilares[65] fundante de um programa de *compliance*, mas que, diante da proposta ora trazida à sirga, arbitrariamente afastaremos.

Ressaltada a necessária advertência supra, passemos aos assinalados postulados. Ei-los:

> *i) Conhecimento sobre a organização;*
> *ii) Comprometimento da alta direção;*
> *iii) Autonomia da instância responsável;*
> *iv) Análise de perfil e riscos;*
> *v) Estruturação de regras e instrumentos;*
> *vi) Comunicação interna e externa; e*
> *vii) Monitoramento contínuo.*

Passemos a analisa-los com mais acuidade, utilizando de agora em diante, todavia, a terminologia "princípios" em lugar de "pilares" ou "pilastras".

Conhecimento sobre a organização

O princípio inaugural que traz pórtico e efetividade a um Programa de Integridade, isto é, a um programa de *compliance*, translucida-se pela necessidade inafastável de se conhecer verticalmente: *(i) o ramo de atividade da empresa;* e *(ii) a cultura organizacional desta.*

65 Nomenclatura utilizada no cotidiano corporativo.

Busca-se dizer com isso, que somente com um estudo detido do *core business*[66] da empresa, se mostra possível identificar as características inatas desta, as singularidades das atividades por esta desempenhadas, de modo a, com isso, permitir crítica pormenorizada e identificação de seus pontos de fragilidade.

Com efeito, não se mostra suficiente ter conhecimento das ações da empresa para o desenvolvimento de suas atividades. Mister se faz identificar, de igual sorte, a cultura da organização, sendo esta a responsável por forjar os hábitos, concepções, valores éticos e morais, bem como as políticas internas e externas da corporação.

A partir de então são postas, desenvolvidas e amanhadas as diretivas pelas quais a empresa será reconhecida interna e externamente. Assim, conhecer as entranhas da organização é condição *sine qua non* para implementar um Programa de Integridade robusto e eficiente, de modo a corresponder às expectativas e necessidades da empresa.

Comprometimento da alta direção

Nominado, usualmente, como *tone from the top*, o segundo dos princípios se traduz no Comprometimento da alta Direção, conforme acima apontado. Trata-se de ponto de vitanda importância pra que o programa de *compliance* encontre o devido êxito.

E de e repisar, ao se referir ao comprometimento, nomenclatura ostentada pelo axioma em apreço, indispensável se faz assentar que não aludimos, apenas, al fulcro financeiro e estrutural da corporação, mas, de igual sorte e com muito mais empenho, na manutenção desta pelos membros que a constitui.

De se recomendar, nesse particular, que os membros que ocupam os alcantis da administração corporativa pratiquem as atividades que lhes são imputadas com hialina clareza e em absoluta afinação com os princípios que destes se espera.

O exemplo de conduta, pois, há de vir dos píncaros da entidade jurídica, de modo que, assim, dar-se-á a devida credibilidade ao programa.

Em contrário sendo, os demais *stakeholders* não vislumbrarão a importância do programa implementando, tampouco, quiçá, sua seriedade. Consequentemente, a indicação de uma cultura de ética orga-

66 Negócio principal, quando traduzido para a Língua Portuguesa. Em breve resumo, no âmbito corporativo, se posta como o ramo de atividade básica da empresa, motivo pelo qual há de se referir a este como principal negócio, atividade-foco, competência principal, atividade econômica básica da empresa.

nizacional restará mitigada ante a falta de aderência dos indivíduos que, apesar dos excelsos cargos ocupados, não incorporaram os axiomas que se buscara implantar.

Autonomia da instância responsável

O terceiro axioma que trazemos à colação assegura que os indivíduos responsáveis pela administração do programa de *compliance* gozarão de autonomia e independência, não obstante aos recursos humanos, materiais e financeiros que lhes serão dispostos.

De se salientar, a autonomia, *in casu*, é *conditio sine qua non* para que tal empreitada alcance a efetividade esperada, já possibilita que todos os trabalhos realizados com imparcialidade.

Malgrado, destaca-se, de igual modo, a necessidade de se facultar aos *integrity officers*, acesso pleno a todas as informações indispensáveis a avaliação de suscetibilidades, risco e condutas omissivas ou comissivas da corporação, que tenham sido efetivadas por ocupante de qualquer posto e nível no organograma da organização.

Importa destacar que o arquétipo do programa de *compliance* não guarda qualquer nível de relação hierárquica no que concerne a qualquer das camadas apresentadas no organograma ou seus *stakeholders*. Em contrário, o que se vê é uma relativamente a estes

Análise de perfil e riscos

O primado em relevo pertine à análise de riscos, mormente nominado de *risk assessmente* no ambiente corporativo, sob os quais a corporação efetiva seu labor.

De se ressaltar, há de se considerar risco, nesta oportunidade, a potencial perda vindoura de ação ou omissão. Uma particularidade, entretanto, há de ser trazida à lume. Resta evidente que sua ocorrência opera no campo da hipótese porquanto incerta. Com efeito, a aparição de ameaça qualquer já se mostra suficiente para caracterizá-la, já que o prenúncio em comento encontra espaço a partir de vulnerabilidades apresentadas pela empresa.

A problemática aqui enfrentada se transpõe na ideia de uma lídima ameaça, ou potencial, forte suficiente, contudo, para provocar profusos impacto nas mais diversas províncias da corporação.

Nessa senda, pois, emerge a noção de que conhecer riscos, implica na inafastável ideia de conhecer as vulnerabilidades que gravitam em torno da empresa. E, de se notar, a tomada de consciência no que diz respeito a estes, carrega o gestor para a prevenção, de modo a evitar que danos de toda sorte atinjam a empresa.

Desta sorte, reconhecer e avaliar os riscos, ou potenciais riscos, reclama robusta métrica. A respeito do assunto, o Instituto Brasileiro de Governança Corporativa - IBGC, sem prejuízo de critérios outros para a classificação dos riscos, aponta dois elementos que se imbricam nesse particular, quais sejam, as pessoas e a reputação, já ambos influem decisivamente na boa ou má fama que se faz da corporação, tidas, consequentemente, como resultado de um bom ou mau gerenciamento dos riscos.

Importa notar que que Instituto Brasileiro de Governança Corporativa – IBGC assevera que o risco está estreitamente associado às pessoas e, por assim, elemento causal e inafastável na maioria dos riscos enfrentados pela organização.

Destarte, a primeira medida a ser tomada implica em identificar os tipos, origens e naturezas dos riscos, os quais devem ser mapeados para uma compreensão segura.

Após a agnição dos apontados riscos, hão de ser, estes, devidamente apreciados. Passo posterior, há de se confeccionar um Mapa de Avaliação de Riscos, etapa esta, de vitanda importância para a efetividade de um programa de gestão de riscos; para um programa de *compliance*, já que, neste ritmo, ter-se-á uma identificação panorâmica de cara ameaça à corporação.

Trata-se de etapa indispensável para uma empreitada desta lavra, já que porquanto conhecidos e devidamente avaliados os riscos, mostra-se a prosperidade e implementação de um Programa de Integridade de resultados deveras efetivos.

Estruturação de regras e instrumentos

Com espeque na ciência que se tomara no que diz respeito ao perfil de riscos de uma corporação, possível se mostra o estruturamento de regras e instrumentais. Tem-se, aqui, o quinto axioma de um programa de *compliance*.

É nesse ponto que encontra lugar a feitura de um Código de Conduta, ou reavaliar e, quiçá, reestruturar um já existente, sublinhando as diretrizes fundantes, axiomas, políticas internas e externas e os procedimentos de prevenção.

Não obstante a isso, haverão de ser implementados dispositivos de reconhecimento e reporte de irregularidades, a exemplo de *red flags*[67], canais de informações e dispositivos de proteção ao informante, de modo a garantir seu anonimato por completo.

Tem-se, aqui, a oportunidade de se delinear as medidas disciplinares e de remediação na hipótese de averiguada a prática ilícita por parte de algum *stakeholder*, seja interno ou externo.

Comunicação interna e externa

A comunicação interna e externa perfaz o sexto pilar de um programa de *compliance*.

Para que a implementação de um programa desta estofa encontre efetividade, há de se promover este ao conhecimento de todos os *stakeholders*, isto é, colaboradores internos e externos. Por outros torneios, há de restar claro a ampla ciência e conhecimento de um Programa de Integridade implantado na corporação e que, por isso há de ser observado na sua totalidade.

Não por outro motivo, um plano de comunicação há de ser meticulosamente tracejado, afinando-o com a cultura organizacional da corporação, de modo a considerar os dessemelhantes níveis de aptidão pessoal dos colaboradores.

Monitoramento contínuo

Como resta estampado, o monitoramento contínuo do programa de *compliance* perfaz seu sétimo supedâneo. Destarte, destaquemos, o Programa de Integridade só se faz eficaz se monitorado amiudadamente.

É, pois, nesta frequente inspeção que se detectará a necessidade de correção e contorno de situações que mantenham o programa no caminho desejado.

Regular e repetida inspeção do indigitado programa se faz indispensável, também, porquanto garanta que o programa adentre na rotina da corporação, de modo a atuar de forma justaposta com as demais áreas da empresa. A esta metodologia, emprega-se modalidade de programa chamado de PDCA. Vejamo-lo:

> *i) Plan: fase onde se identifica a inconsistência, as causas desta e se desenvolve um planejamento de correção ou ajustamento;*
>
> *ii) Do: oportunidade onde se executa o planejamento;*

67 Bandeiras vermelhas.

> *iii) Check: nesta etapa do processo, se infere se o planejamento alcançara o êxito desejado na correção ou adequação das falhas outrora apresentadas;*
>
> *iv) Action: estádio onde se efetiva ações voltadas a correção de ações não eficazes.*

Insta alvitrar que, porquanto seja o PDCA um sistema cíclico, a averiguação do programa há de ser ininterrupta. É essa constância, pois, que permitirá mitigar inconsistências e garantir sua eficácia.

À guisa de conclusão, há de se repisar que não se vislumbra um Programa de Integridade unívoco, detentor, portanto, de regras absolutas que não comporta sejam alteradas.

De outra mão, imperioso ressaltar que, mais que cada corporação, cada pessoa jurídica há de adequar o programa consoante sua realidade, expectativas, valores que lhes são caros e outros elementos de mesmo quilate.

De se notar, referimo-nos a expressão "pessoa jurídica" por ser de significado mais amplo que "corporação", já que, destarte, resta claro e evidente que um programa deste naipe pode ser aplicado na esfera pública, nas suas mais diversas manifestações.

5.3. Imbricação entre Governança Corporativa e Direito. Diálogo de aquilatada importância

Como visto oportunamente, um dos axiomas da Governança Corporativa, portanto um dos seus pálios, é o *Compliance.*

Redunda do verbo em inglês *to comply*, de modo a indicar o *agir de acordo com uma regra, uma instrução interna, um comando ou um pedido; adequar-se de maneira geral*, sem prejuízo de outras possibilidades.

Dito de outra maneira, é o conjunto de disciplinas que se imbricam para fazer cumprir regulamentos e diretrizes estabelecidas para as atividades das instituições de uma maneira geral, bem como evitar, detectar e tratar qualquer desvio ou inconformidade que possa ocorrer.

5.3.1. Breve escorço histórico

A ideia de *Compliance,* em termos semelhantes com o que temos hodiernamente, tem origens nos Estados Unidos, em meados da virada do século XX, quando as agências reguladoras começaram a ganhar espaço.

Em 1.906, com a aparição do *Food and Drug Act,* bem como a criação do *Food and Drug Administration – FDA*, o governo norte-americano criara um modelo de fiscalização centralizado, como forma de regulamentar determinadas atividades relativas à saúde alimentar e ao comércio de medicamentos.

Com efeito, fora devido às instituições financeiras que o *compliance* avançara e começara a encontrar o desenho atualmente exibido. Em 1.913, fora criado o *Federal Reserve System* (Banco Central dos EUA), que tinha como escopo a criação de um sistema financeiro mais estável, seguro, adequando-se, para isso, às leis.

Em 1.977, surge a figura do *Foreign Corrupt Practices Act - FCPA*, oportunamente tratado neste trabalho. Trata-se da lei anticorrupção norte-americana, que, de maneira geral, determina que as empresas mantenham livros e registros que espelhem, de forma assertiva, suas transações, bem como estabelece a feitura de um adequado sistema de controles internos.

Na década subsequente, após um escândalo envolvendo a indústria de defesa, trinta e duas empresas do setor, voluntariamente frise-se, criaram *Iniciativa da Indústria de Defesa*, que trouxera um conjunto de princípios para práticas empresariais éticas e de boa conduta.

Por derradeiro, no ano de 1.991, a *Comissão de Penas dos Estados Unidos da América - EUA*, publicara um documento denominado *Diretrizes Federais para a Condenação de Organizações*, articulando os elementos específicos de um programa de *Compliance* e ética eficiente. Consoante o referido documento, as empresas que apresentarem tais programas terão penas mais brandas.

5.3.2. Compliance em diversas facetas legais

A ideia de *compliance*, em que pese ser largamente utilizada no Direito, até porque se mostra como importante instrumento em auxílio deste, não tem origens jurídicas; não nasce em texto de lei.

Encontra, então, espaço em várias áreas do direito. Vejamo-los de maneira célere.

5.3.2.1. Compliance e prevenção de lavagem de dinheiro

As empresas norte-americanas devem cumprir as prescrições atinentes à prevenção atinente à lavagem dinheiro, com arrimo na Lei de Sigilo Bancário local e os seus regulamentos de aplicação, bem como das prescrições contidas nas *"Regras Antilavagem de Dinheiro"* ou *"regras AML"*.

O objetivo das regras de AML é ajudar a identificar e relatar atividades suspeitas, incluindo, nesse sentido, as infrações decorrentes da lavagem de dinheiro e financiamento do terrorismo, como a fraude de títulos e manipulação de mercado.

O *Financial Industry Regulatory Authority - FINRA* ou Autoridade Reguladora do Setor Financeiro, busca avaliar o cumprimento de uma empresa no que toca às regras AML consoante a Regra *Financial Industry Regulatory Authority – FINRA* nº 3310, que estabelece padrões mínimos para um Programa de *Compliance* de uma empresa.

De se destacar, os princípios básicos de um programa de *Compliance* AML sob *Financial Industry Regulatory Authority – FINRA nº* 3310 incluem:

- *O programa tem de ser aprovado por escrito por um membro da gerente sênior;*
- *Deve ser concebido para garantir a detecção e denúncia de atividades suspeitas;*
- *Deve ser projetado para estar em conformidade com as Regras de AML, incluindo, entre outros, ter um Programa de Identificação de Clientes (CIP) com base no risco;*
- *Deve ser testado, de forma independente, para assegurar a correta implementação do programa;*
- *Um indivíduo responsável por AML deve ser designado pela Financial Industry Regulatory Authority – FINRA;*
- *Deve ser fornecida formação contínua ao pessoal apropriado.*

No Brasil fora trazida à sirga a Lei nº 12.683/12, que alterara a Lei de Lavagem de Dinheiro (Lei nº 9.613), determinadas pessoas jurídicas *"deverão adotar políticas, procedimentos e controles internos, compatíveis com seu porte e volume de operações, que lhes permitam atender ao disposto neste artigo e no art. 11, na forma disciplinada pelos órgãos competentes"*, isto é, um programa de *Compliance* Antilavagem, ou por outros torneios, que previna a lavagem de dinheiro.

O enunciado prescritivo em apreço preconiza que há de ser comunicado ao *Conselho de Controle de Atividades Financeiras – COAF* o nome de qualquer pessoa, no prazo de 24 (vinte e quatro) horas, que formule proposta ou realize transações em moeda nacional ou estrangeira, títulos e valores mobiliários, títulos de crédito, metais e qualquer ativo passível de ser convertido em dinheiro que ultrapassar limite fixado pela Autoridade competente e nos termos das instruções por elas expedidas.

Desta arte, as empresas haverão de identificar seus clientes e manterão cadastro atualizado, devendo, contudo, preservar o sigilo das informações prestadas.

5.3.2.1.1. Averiguação Eletrônica de Conformidade – AVEC

A Averiguação Eletrônica de Conformidade – AVEC consiste em um instrumento eletrônico de fiscalização que tem o fito de averiguar o grau de conformidade da pessoa obrigada em relação às obrigações de prevenção à lavagem de dinheiro.

Ao ser submetido a uma Averiguação Eletrônica de Conformidade - AVEC, a pessoa obrigada recebe uma mensagem no endereço eletrônico cadastrado junto ao *Conselho de Controle de Atividades Financeiras - COAF*, bem como uma notificação em sua página no portal de relacionamento no SISCOAF, onde são detalhados os procedimentos para o preenchimento.

5.3.2.1.2. Compliance no controle das exportações

Como cediço, o governo norte-americano efetua o controle das exportações de determinados equipamentos, softwares e tecnologias como um meio para promover os seus interesses de segurança nacional e objetivos de política externa.

Essa proposta de controle abarca procedimentos concernentes a licença de exportação e mecanismos de *Compliance.*

O Brasil, no que toca à questão das exportações, conta com o Despacho Aduaneiro Expresso - Linha Azul é um procedimento especial de viabilização aduaneira, criado pela Receita Federal do Brasil que consiste no tratamento de despacho aduaneiro expresso nas operações de importação, exportação e trânsito aduaneiro, mediante habilitação prévia da empresa interessada junto à Receita Federal.

A habilitação é concedida à empresa que preencha as condições e requisitos consignados nas normas da Receita Federal do Brasil, que adote os procedimentos que demonstrem a qualidade de seus controles internos que busquem o cumprimento das obrigações tributárias e aduaneiras e permitam o monitoramento permanente pela fiscalização aduaneira.

Atualmente a Linha Azul apoia-se na exigência da empresa em demonstrar a qualidade na gestão das suas atividades de comércio exterior, promovendo auditorias internas para monitoramento desta qualidade.

Promove, de igual sorte, um controle corporativo informatizado, integrado à contabilidade, para controle dos estoques de mercadorias nacionais, de procedência estrangeira e as destinadas à exportação.

Malgrado, o beneficiário da Linha Azul obtém da Receita Federal a aplicação de "Despacho Aduaneiro Expresso" que consiste na adoção de procedimentos especiais que facilitam e agilizam os trâmites relacionados às suas operações de comércio exterior, realizadas em qualquer lugar do território nacional.

5.3.2.1.3. A Governança Corporativa e seus reflexos no Direito Tributário. Breves apontamentos

O *compliance*, de se ver, tem se mostrado elemento de indizível importância no manuseio do Direito e, por assim, caminha fortemente à estofa de indispensabilidade no que toca ao seu uso.

A questão ganha contornos próprios quando levada ao campo do Direito Tributário, como de se esperar. Por se mostrar instrumental de elevada importância, conforme consignado linhas acima, propulsiona o gestor que dela faz uso à qualidade de responsável pela intelecção que entorna a corporação. Oportuniza, pois, a cisão do mero executor do indivíduo pensante. Sim, porque o mecanismo, para ser aplicado adequadamente, reclama conhecimento e, por assim, acentuado exercício intelectual.

Como cediço, o programa de *compliance*, por ser difluente da Governança Corporativa, lembremos, aceita ser utilizado em todos os campos do Direito. Se assim, considerando os predicados acima ressaltados, havemos de admitir que o sujeito que desta se valer nas circunscrições do Direito Tributário, é levado à qualidade de gestor tributário.

No compasso da ideia supra, o programa de *compliance* no Direito Tributário[68] há de ser confeccionado de maneira preventiva. Isso porque o enquadramento, a observância aos ditames internos - *confeccionados a partir dos valores caros à empresa, conforme já dito* -, bem como aos comandos externos - *atividade legiferante* -, traz elementos capazes de atuar de forma a evitar questões indesejáveis, danosas ou, ao menos, preveni-las.

Na plaga do Direito Tributário utilizado pelo contribuinte, isto é, visto e manuseado pelo cidadão compelido ao pagamento de tributo, é cediço que se busca, grandemente, a feitura de planejamento tributário com o fito de minimizar o impacto fiscal que severamente repousa sobre as corporações de qualquer dimensão; de todo porte.

O planejamento tributário feito com vistas ao ordenamento jurídico, é absolutamente lícito, sabemos. A comprovação de sua licitude, no entanto, resta dependente de uma robusta encadeação de documentos.

Nesse particular, de supina importância se mostra a implementação de um programa de *compliance* visto que, na sua correta aplicabilidade, constrói importante seriação documental, de modo a restar inequívoco que eventual planejamento tributário fora feito com vistas ao absoluto e inelutável respeito à lei.

---

68 Como em qualquer ramo do Direito.

De límpida percepção, entretanto, a feitura de um programa de *compliance* que contemple um resultado desta qualidade, fora inexoravelmente erigido à luz de uma estratégia efetivamente desenhada, apontando e obedecendo à ideia de trazê-lo de forma preventiva e, sem prejuízo disto, utiliza-lo, de igual sorte, como instrumento corretivo. Portanto, ainda que se detecte falhas nucleares na corporação, o programa de *compliance* se mostra elemento apto a dissipá-lo.

De toda sorte, o que se mostra importante notar é que o bom resultado, seja nos efeitos preventivos, seja na função corretiva, é alcançado em razão do forte tom da transparência trazida pelo programa de *compliance*, porquanto lhe seja ínsito.

Desta sorte, em um arquétipo rudimentarmente construído, propalaríamos que: *(i) o programa de* compliance *impõe detido conhecimento nos imos da empresa; (ii) constrói sua estrutura com pálio na realidade, devidamente comprovada pela plêiade documental que se forja ao longo do processo de implementação; (iii) ressalta os aspectos jurídicos com espeque na realidade e comprovação desta por meio documental, conforme suso apontado;* e *(iv) otimiza o cenário tributário, de modo a torna-lo afinado com os comandos que serão, doravante, internamente construídos, bem como em harmonia com as normas postas pelo Poder Legislativo.*

Tais predicados, conforme dito, facilitam e viabilizam a feitura de um planejamento tributário lícito e seguro. Isso porque o programa de *compliance*, em razão da transparência que impõe, traz uma visão minudente da organização contábil, da tributação da empresa. Dessarte, torna-se mais acessível a verificação de valores pagos a maior, pagos indevidamente, obrigações acessórias descumpridas, dentre outros.

Daí porque dizer, então, que o *compliance* é de absoluta utilidade tanto como instrumento preventivo, quanto corretivo. Não resta dissenso no que concerne a tal asseveração.

Por outro giro, o programa de *compliance* apresenta, também, outra importante faceta. Como visto, a Governança Corporativa traz um ajuntamento de elementos que, além de traçar medidas para uma saudável administração de uma empresa, traz, de igual feita, uma série de novel figura de gestores.

Com isso, alarga-se, de igual modo, a lista de responsáveis tributários. Vejamos o disposto no art. 135 do Código Tributário Nacional – CTN. Vejamo-lo:

> *(...)*
>
> *Art. 135. São pessoalmente responsáveis pelos créditos correspondentes a obrigações tributárias resultantes de atos praticados com excesso de poderes ou infração de lei, contrato social ou estatutos:*

> *I - as pessoas referidas no artigo anterior;*
>
> *II - os mandatários, prepostos e empregados;*
>
> *III - os diretores, gerentes ou representantes de pessoas jurídicas de direito privado.*
>
> *(...)*

De se perceber, os *mandatários, prepostos, empregados, diretores, gerentes* ou *representantes de pessoas jurídicas de Direito Privado*, são indivíduos que exercem, de uma maneira ou de outra, cargo de administração. Daí porque assumem a condição de responsáveis tributários.

A ampliação de responsabilidades e cargos administrativos traçados na Governança Corporativa aumentam, também, o espectro da responsabilidade tributária.

Em contranota, importa notar que com a proposta de prevenção trazida por um correto programa de *compliance*, é possível prevenir, bem como evitar situações deste jaez, seja porque a má gestão se dera por negligência ou imperícia administrativa, seja porque se formara dolosamente.

Desta sorte, da mesma maneira que alarga a possibilidade de responsabilização, oferece instrumentos aptos a evitar ou corrigir problemas de ordem fiscal.

É nesse cenário, pois, que se encontra significativo dialogismo de texto havido entre a Administração Pública, com todos as suas tonalidades, e o *compliance*, conforme veremos no capítulo seguinte.

CAPÍTULO 6

O *COMPLIANCE* E A ADMINISTRAÇÃO PÚBLICA NAS EXPERIÊNCIAS ESTRANGEIRA E NACIONAL

Como buscamos elucidar ao longo deste labor, o programa de *compliance*, ou programa de integridade, como de predileção de alguns, tem se mostrado portentoso instrumento, sobretudo quando posto em favor da Administração Tributária.

Revela-se elemento otimizador na captação do crédito tributário, simplificando o processo de angariação do produto fiscal, bem como, em razão disto tornando-o menos custoso. O resultado de tal empreitada reflete, inexoravelmente, para o cidadão de modo que, por assim, se posta vantajoso para toda a sociedade.

Há muito, as obrigações acessórias eram praticadas pelo Fisco, promovendo, inclusive, o devido enquadramento legal quando da arrecadação dos tributos.

Com efeito, nota-se que o ônus da feitura das indigitadas obrigações fora paulatinamente transferido ao contribuinte.

De mais a mais, de se frisar, cuida-se de uma tendência global, todavia, cada qual com as características próprias de cada Estado.

De toda sorte, há de se repisar que tal engenharia tributária traz custo ao Erário, sabemos. Sobrechega, entretanto, questionamento de aquilatada importância: *o Brasil se vê preparado para uma significativa mudança no que toca ao mencionado pendor?*

Nota-se que levantamento desta natureza jamais fora feito. Contudo, há tendências legislativas que possibilitam breve noção, mas capaz de a nosso ver, redarguir tal questionamento.

Antes, todavia, cabe traçar breve noção sobre as obrigações acessórias listadas no artigo 113 do Código Tributário Nacional – CTN, *in verbis*:

> *(...)*
>
> *Art. 113. A obrigação tributária é principal ou acessória.*
>
> *§ 1º A obrigação principal surge com a ocorrência do fato gerador, tem por objeto o pagamento de tributo ou penalidade pecuniária e extingue-se juntamente com o crédito dela decorrente.*
>
> *§ 2º A obrigação acessória decorre da legislação tributária e tem por objeto as prestações, positivas ou negativas, nela previstas no interesse da arrecadação ou da fiscalização dos tributos.*

> *§ 3º A obrigação acessória, pelo simples fato da sua inobservância, converte-se em obrigação principal relativamente à penalidade pecuniária.*
>
> *(...)*

Interessa destacar, a título de exórdio, que a obrigação se coloca como relação estabelecida entre sujeitos destinados a ocupar polo ativo (credor) e polo passivo (devedor), em razão, invariavelmente, de um objeto prestacional; elemento obrigacional.

Por assim, não há que se falar em relação desta magnitude sem a existência de um elemento deste jaez, já que é o que sustenta a mesma; não há de se ter relação de índole obrigacional sem seu respectivo objeto prestacional que fomente o liame entre devedor e credor.

No Direito Tributário, como visto acima, a obrigaçãose divide em duas espécies, quais sejam: *(i) obrigação principal*; e *(ii) obrigação acessória*.

Não nos cabe, tampouco é nossa proposta, neste trabalho, descer às minudentes características da obrigação tributária, seja qual das modalidades nos refiramos agora.

Todavia, havemos de destacar, ainda que brevemente, a obrigação tributária acessória, porquanto se faça importante para a presente investigação.

Consoante o sempre elucidativo magistério de Celso Ribeiro Bastos[1], *"A obrigação acessória constitui uma obrigação positiva ou negativa (de fazer ou não fazer), que só pode ser imposta mediante previsão legal."* (Grifos postos)

Vislumbra-se, de toda sorte, que há o mencionado objeto obrigacional, outrora dito, que alimenta a relação prestacional. No caso da obrigação acessório, consoante Celso Ribeiro Bastos, encontramo-lo na compulsoriedade de fazer ou não fazer.

Conforme elucida Éderson Garin Porto[2], desde Adam Smith, a noção de um sistema tributário eficiente observa quatro primados, a saber: *"(i) os sujeitos devem contribuir com o Estado na proporção da sua capacidade, primando pela equidade da tributação; (ii) os tributos a serem exigidos dos contribuintes devem ser certos e não arbitrários; (iii) os tributos devem ser exigidos no tempo ou na forma que seja mais conveniente*

---

1 BASTOS, Celso Ribeiro – Código Tributário Nacional, artigos 113 ao 118, Volume 2, MARTINS, Ives Gandra da Silva – Coordenador -, Editora Saraiva, p. 147.

2 PORTO, Éderson Garin – *Compliance & Governança Corporativa. Uma abordagem prática e objetiva*, Porto Alegre, 2.020, Editora Lawboratory, p. 114.

para o contribuinte; e (iv) a tributação deve retirar da sociedade o mínimo possível, exigindo somente aquilo que for necessário para a manutenção da estrutura estatal". (Grifos postos)

Porquanto elaborado em meados de 1.776, há de se asseverar que o Brasil não elaborara sua política de tributação com vistas nos destacados princípios.

De todo modo, mostra-se importante sublinhar o nível de complexidade que a conformidade tributária brasileira assume.

Destarte, comecemos por analisar o relatório *Doing Business 2.018*[3], do Banco Mundial, que mede a qualidade das economias e o nível da animadversão de negócios dos países analisados.

E no compasso de estudo efetuado pelo Banco Mundial, os países melhor ranqueados no *business-friendly environment* são a Dinamarca, Hong Kong, Nova Zelândia e Grã-Bretanha.

De outra mão, países outros demonstraram resultados absolutamente insatisfatórios, a exemplo da Líbia, Sudão do Sul, Afeganistão dentre outros.

O Brasil não se encontra bem classificado, consoante a métrica utilizada para construção do referido ranque.

De se destacar, o método utilizado para medição do *score* em comento são o volume de pagamento de tributo ano a ano, a quantidade de horas utilizadas para o devido cumprimento das obrigações acessórias – *que no Brasil entorna duas mil horas mês* – e o total de taxas e contribuições incidentes sobre o lucro.

Quadra destacar importante papel desenvolvido pela *PricewaterhouseCoopers – PWC*, qual seja, a feitura de um relatório nominado *paying taxes*, onde se afere o tempo que se leva para fazer frente à obrigação de pagar tributo, volume e reverberação da carga tributária, dentre outros elementos de mesma categoria.

Nessa perspectiva, é possível notar países onde a Administração Tributária, ao se valer de um programa de conformidade, alcançara resultados que agrada tanto o Estado quanto o contribuinte. Tragamos, então, alguns exemplos suficientes para ilustrar o que vimos enfatizando.

3 https://archive.doingbusiness.org/pt/reports/global-reports/doing-business-2018

Iniciemos pela experiência observada na Nova Zelândia[4]. O destacado país, conhecido pela sua eficiência e lisura, é referência mundial porquanto famigerada pela sua Administração Tributária exemplar.

Esmerara-se em implementação e desenvolvimento tecnológico, com o escopo de viabilizar que o contribuinte cumpra com suas obrigações fiscais da forma mais ampla e simples possível.

Evita-se, assim, entraves que levam à inadimplência que, por vezes, não se opera pela deliberada vontade do contribuinte em inadimplir, mas, sim, em razão do avoengo e inábil método de colhimento dos tributos, conforme algures destacamos.

Não obstante a isso, o Fisco neozelandês integrara, à guisa de experimento, dois sistemas de administração e de contabilidade, respectivamente, de sorte que, por assim, se fizera possível enviar as declarações do imposto sobre serviços daquele país – *Goods and Service Tax – GTS* -, engendrando considerável diminuição de custos atinentes à Administração Tributária.

Nessa oportunidade, 76% (setenta e seis por cento) dos utentes asseveraram que o método de tributação tornara o cumprimento das obrigações fiscais mais seguro e célere.

Outro ator mundial que merece destaque, é o Reino Unido com sua repartição tributária responsável pela coleta e administração dos tributos, a nominada de *Her Majesty Revenue and Customs – HMRC*, considerada uma das mais eficazes do mundo.

Alta monta fora investida em tecnologia da informação, com o fito de tornar o sistema de tributação mais presto e eficiente, tornando-o menos custoso consequentemente.

Menção há de ser feita, também, à Dinamarca. Vale-se de um sistema para sua Administração Tributária que atende pela nomenclatura, abreviadamente, e-TAX. Em verdade, o nome dado ao sistema é *SKAT – Self-service facility TastSelv*[5].

Consiste em um sistema *online* onde o próprio contribuinte afere o tributo a pagar. As informações, em sua maioria, são automaticamente transmitidas do SKAT, de modo que, assim, o contribuinte já sabe quais tributos haverá de pagar e o valor atinente aos mesmos.

As experiências supra narradas, são exemplos bem sucedidos da implementação de um programa de *compliance*, que se afina à ideia de conformidade, fazendo auxílio, sempre, de sistemas tecnológicos desen-

4 *New Zealand Island Revenue* – Departamento de Serviço Público da Nova Zelândia.

5 https://skat.dk/data.aspx?oid=2175510

volvidos para obtenção de menor complexidade do sistema fiscal, brevidade no cumprimento das obrigações fiscais e transparência de método.

O Brasil, de se apontar, conquanto não alcance desejável lugar na lista de países que fazem bom uso da apontada conformidade, dá seus passos incipientes.

O primeiro e mais elucidativo exemplo repousa sobre o SPED Fiscal. Em breves linhas, trata-se de um Sistema Público de Escrituração Digital, daí a sigla SPED, forjado para tornar menos lento e custoso os processos de preenchimento, envio, validação e autenticação de informações de ordem fiscal.

Desta sorte, vislumbra-se como resultado necessário o alinhamento das obrigações acessórias de natureza federal, estadual e municipal, facilitando, pois, a fiscalização tributária.

O SPED Fiscal, perfaz qualidade de obrigação acessória informatizada que conglomera todos os eventos tributários provenientes das atividades corporativas.

Encontra, o SPED Fiscal, nomenclaturas outras como EFD ICMS/IPI, por exemplo, que surgira para agregar as informações das competências estadual e federal, relativamente ao Imposto sobre Operações Relativas à Circulação de Mercadorias e Prestação de Serviço de Transporte Interestadual e Intermunicipal – ICMS e ao Imposto sobre Produto Industrializado – IPI.

Os antigos livros fiscais, escriturados e entregues fisicamente, foram transmutados pelo envio digital do arquivo SPED, donde se colhe elementos de vitanda importância, tais como dados como alíquotas dos impostos, CFOP e todos os dados que se referem à Nota fiscal eletrônica – NF-e.

Cabe observar que não se tem, aqui, uma discricionariedade, já que todos os contribuintes do ICMS e do IPI restam obrigados ao EFD ICMS/IPI.

O arquivo enviado, de se apontar, há de ser validado pelo programa validador disponibilizado pelo SPED. Cuida-se de meio necessário para o envio e validação. Por intermédio deste a Administração Tributária verifica a autenticidade das informações prestadas.

De posse de tais informações, o Fisco passa a averiguar os eventos informados pela empresa no que concerne aos registros que emitira. Forçoso se faz, então, um alinhamento entre Fisco e contribuinte, já flertando, pois, com a ideia de conformação trazida pelos programas de *compliance*.

Outro ponto de dilatada importância quanto ao SPED Fiscal, diz respeito ao seu sujeito passivo, isto é, àquele obrigado a observar e efetivar a mencionada modalidade de obrigação acessória.

As declarações empresariais foram introduzidas em frações, com datas de ponência diferentes, de modo que a modalidade empresarial interferira diretamente nos prazos praticados no SPED Fiscal.

Nesse compasso, porquanto o ICMS seja regrado pelos Estados-Membros, sua compulsoriedade se dá pela legislação confeccionada por cada um destes.

Com a implementação paulatina do SPED Fiscal, que se efetiva desde o ano de 2008, toda empresa tributada pelo Lucro Real ou Lucro Presumido passara a ser obrigada a entregar a obrigação acessória em comento.

No que diz respeito às empresas optantes pelo Simples Nacional, importa destacar que a obrigatoriedade havia sido programada para o ano de 2.016. com efeito, em razão da publicação do Lei Complementar 147/14, a dita exceção expirara, de modo que os contribuintes do Simples Nacional se viram obrigados ao envio dos arquivos juntamente com os demais.

Outro elemento importante de ser lembrado encontra fundamento na *Foreing Accontu Tax Compliance Act – FATCA* estadunidense, que, em breve e apertado resumo, prima pelo combate ao terrorismo e pela prevenção de lavagem de dinheiro. Capitaneada pelos Estados Unidos da América – EUA, conforme já dito, influenciara vários países a aderirem a tal proposta.

O Brasil absorvera a ideia recepcionando o texto estadunidense conforme Decreto-Legislativo nº 211/2013, efetivando acordo entre Brasil e Estados Unidos no que concerne a troca de informações atinentes a tributos.

De se notar, o referido acordo fora regulamentado pelo Decreto nº 8.003/2013, de modo a ser absorvido na esfera fiscal, redundando, pois, na Instrução Normativa RFB nº 1.571/2015, que traz à sirga mais uma obrigação acessória, qual seja, o e-Financeira, que se traduz em uma série de arquivos com informações digitalmente confeccionadas que aprovisionam o Fisco nacional, o que, notemos, viabiliza a troca de informações com Estados outros, conforme oportunamente dissemos.

Outro elemento que se mostra de excelsa importância é o denominado "Programa nos Conformes", promovido pela Fazenda do Estado de São Paulo – FESP.

Em breve síntese, trata-se de programa que busca estimular à conformidade tributária, o que justifica o nome que ostenta. Fora criado pela Lei Complementar 1.320/2018, privilegiando, pois, a orientação, o atendimento, a autorregularização, a conformidade, o controle, o aprimoramento dos trabalhos de fiscalização e a redução de litigiosidade.

Para tanto, lança mão de instrumental apto a facilitar o cumprimento voluntário das obrigações tributárias pelos contribuintes paulistas, impondo uma mudança cultural na Secretaria da Fazenda, alterando procedimentos administrativos fazendários, em alinhamento com as boas práticas internacionais.

O que se pretendera trazer com o programa em apreço fora a elevação da arrecadação, sem redundar em necessário aumento da carga tributária, tornando mais eficiente os mecanismos de fiscalização dos devedores.

Buscara-se, de igual sorte, aumentar a eficiência administrativa e modernizar a estrutura da Secretaria da Fazenda, por meio de uso efetivo da tecnologia da informação, conforme restara evidenciado na experiência dos países exordialmente apontados.

Com o fito de atingir tal objetivo, disponibilizara-se de processos e serviços que pontencializam a qualidade do atendimento, a eficiência e a celeridade dos trabalhos de fiscalização e arrecadação.

Não obstante a isso, o "Programa nos Conformes" tem o escopo de exortar a concorrência leal, apresentando práticas de fiscalização balizadoras, no lugar de condutas de repressoras.

Por derradeiro, objetiva garantir maior eficiência, galardoando o comportamento tributário adequado e o correto pagamento dos impostos, com a segmentação dos contribuintes de acordo com o perfil de risco.

Assim, resta evidente que o Brasil está a buscar elementos que lhes coloquem na esteira da tendência mundial. São passo iniciáticos, verdade, mas que já colocam o país em um caminho a ser trilhado.

A conformidade trazida pela implementação de um programa de *compliance*, seja utilizado pelo contribuinte, seja utilizado pelo Fisco, traz transparência e a segurança há muito perseguidas.

CONCLUSÃO

De se perceber, o programa de *compliance* fora concebido nas províncias da Governança Corporativa, porquanto se mostre como uma das pilastras que lhe dá sustento.

Como indica sua etimologia, busca, de final, trazer conformidade entre as práticas e valores da empresa e as regras estabelecidas, não só por esta, mas, de igual sorte, pelo Poder Público.

Resta claro e evidente as benesses trazidas quando a aplicabilidade se opera em uma corporação. Por óbvio, já que nascera justamente nesse ambiente.

Como dito alhures, um programa dessa magnitude organiza a vida fiscal de uma corporação, sem prejuízo de outros setores da empresa que terão um *compliance* que lhes seja próprio, de modo a, por restar afinado com a legislação, facilitar a feitura de planejamento tributário, viabilizar eventuais defesas, já disporá de satisfatória organização documental, dentre outros benefícios tantos.

Por outro lado, imperioso se faz sua presença, também, na Administração Tributária. Urge o momento de substituir o vetusto modelo de arrecadação, que teima em flertar com o passado, marchando em desacordo com os tempos hodiernos, para dar lugar a elementos modernos, transparentes e modernos.

Como mostrado no capítulo predecessor, a experiência de implementação de um programa de *compliance* na Administração Tributária, em outros países tem se mostrado satisfatória.

O Estado se vê prestigiado porquanto diminua o índice de inadimplência, sem prejuízo de vantagens outras apontadas ao longo deste trabalho. O contribuinte de igual sorte, já que, com a simplificação de sistema trazida e a transparência de métodos, o utente tem exata noção de como a coisa pública vem sido gerida e, malgrado, percebe a diminuição e, em alguns países, a extinção de indevido escoamento de dinheiro público.

O cenário ideal, quiçá, dar-se-á na medida em que se criar a cultura de adoção de programas de *compliance* efetivados pelo contribuinte e pela Administração Pública em todas as suas facetas.

Isso porque um dos axiomas intrínsecos do *compliance* é a ética. Destarte, na medida em que se faz uso de um programa desta magnitude, ciência tomamos dos valores que são empregados na sociedade.

O Brasil mostra-se pouco atrasado. Com efeito, pedimos a devida vênia para discordar daqueles que colocam o país na estofa de absolutamente atrasado. Como visto, algumas medidas já têm sido efetivadas pelo Poder Público, buscando, notemos, viabilizar um método de arrecadação que prestigie não só a Administração Tributária, mas, de igual sorte, o contribuinte.

Estes últimos, por seu turno, têm pouco a pouco aderido a tal modalidade de gestão, de forma a otimizar e atender corretamente a suas obrigações fiscais.

Nos parece que a boa-vontade mútua emerge e, encadeados em um objetivo comum, o caminho da boa governança fiscal, enfim, desponta não só como esperança, mas, sobretudo, como uma realidade que paulatinamente se aflora.

E na medida em que o programa de *compliance* é adotado, instalando, de lado a lado, mutual confiabilidade, a eficiência na maximização na captação do crédito tributário é, definitivamente, levada a efeito.

Resta evidenciado, pois, que não se faz necessária timorata proposta de reforma tributária, a exemplo das que se vê hodiernamente, posto que a diminuição do impacto fiscal, bem como a descomplicação do sistema tributário brasileiro há de encontrar caminho em um programa desta lavra.

Não há de se adulterar o Texto Supino, porquanto, não obstante não solucionar a questão em debate, trará inexorável insegurança jurídica por tantos motivos que não havemos de elencar, nesta oportunidade, sob pena de desvirtuar o tema central do trabalho.

BIBLIOGRAFIA

ABBOUD, G.; CARNIO, H. G.; OLIVEIRA, R. T. Introdução à Teoria e à Filosofia do Direito. 3. ed. ver. atual. ampl. São Paulo: Revista dos Tribunais, 2015.

ABRÃO, Bernadette Siqueira – A história da Filosofia, Editora Nova Cultural, 2004.

ABREU, Claudio de – Norma anticorrupção: efeitos junto ao Direito Tributário, tese

de defesa de Doutorado perante a Pontifícia Universidade Católica de São Paulo – PC/SP.

AFTALIÓN, E. R.; VILANOVA, J.; RAFFO, J. Introducción al Derecho: conocimiento y conocimiento científico. História de las ideas jurídicas. Teoría general del derecho. Teoría general aplicada. 3. ed. Buenos Aires: Abeledo-Perrot, 1999.

AGEE, James e EVANS, Walker – Let us now praise famous men. Boston, Houghton Mifflin, 1941.

ALCIAC, Gabriel – La sinagoga vacía: un estudio de las fuentes marranas del espinosismo, Editora Hiperión.;

ALMEIDA, Gregório Assagra de – Direito Processual Coletivo Brasileiro. São Paulo: PUC, Dissertação de Mestrado, orientador Donaldo Armelin, inédita.

AMARO, Luciano – Direito Tributário Brasileiro, 16ª Edição, Editora Saraiva – São Paulo – 2.010.

ANDRADE, Adriana; ROSSETTI, José Paschoal – Governança Corporativa, 5ª edição, São Paulo, Editora Atlas, 2011.

ARISTÓTELES – Ética a Nicômaco, Editora Edipro, Tradução e notas de Edson Bini.

______. Ética a Eudemo, Editora Edipro, Tradução e notas de Edson Bini.

ARISTOTLE'S PHYSICS, a Revised Text with Introduction and Commentary by W.D.Ross, Clarendon Press: Oxford, 1936.

ATALIBA, Geraldo – Hipótese de Incidência Tributária, 6ª Edição, 4ª Tiragem, Editora Malheiros – São Paulo – 2.003.

______. Estudo e pareceres de direito tributário, VS. I e III, São Paulo, Ed. RT, 1.980.

ÁVILA, Humberto - Teoria dos princípios - da definição à aplicação dos princípios jurídicos, Editora Malheiros, 17ª edição revista e atualizada.

AZEVEDO, Antônio Junqueira de - Negócio Jurídico - Existência, Validade e Eficácia, Editora Saraiva, 4ª edição.

BALEEIRO, Aliomar - Direito Tributário Brasileiro, Editora Forense, 8ª edição, 1.976.

BALEEIRO, Aliomar; DERZI, Misabel - Direito Tributário Brasileiro. CTN Comentado, Editora Gen/Forense, 14ª edição revista, atualizada e ampliada.

BARBOSA MOREIRA, José Carlos - Ações Coletivas na Constituição Federal de 1988. São Paulo, RT, Revista de Processo n. 107.

_____. Comentários ao Código de Processo Civil, Rio de Janeiro: Forense, vol. V, 2008.

BARRETO, Paulo Ayres. Planejamento Tributário: Perspectivas Teóricas e Práticas. Revista de Direito Tributário, v. 105, p. 52-61, 2009.

BARRETTO JUNIOR, Valter Pedrosa. Planejamento Tributário na Jurisprudência do Conselho Administrativo de Recursos Fiscais: desafios de uma pesquisa empírica. São Paulo, 2010. Dissertação de Mestrado apresentada à Escola de Direito de São Paulo da Fundação Getulio Vargas.

BASTOS, Celso Ribeiro - Código Tributário Nacional, artigos 113 ao 118, Volume 2, MARTINS, Ives Gandra da Silva - Coordenador -, Editora Saraiva.

BASTOS, Celso Ribeiro - Curso de Direito Financeiro e Tributário, Editora Celso Bastos, 9ª edição, 2.002.

BATISTA, Antenor - Corrupção: o 5º Poder - Repensando a ética, Edipro, 14ª edição revista e ampliada.

BECHO, Renato Lopes. Lições de Direito Tributário. 3. ed. São Paulo: Saraiva, 2015.

BECKER, Alfredo Augusto. Teoria Geral do Direito Tributário, Editora Noeses, 4ª edição, 2007.

BEDAQUE, José Roberto dos Santos - Direito e Processo: Influência do Direito Material sobre o Processo, São Paulo, Malheiros Editores, 1992.

BERLE, A.; MEANS, G – The Modern Corporation and Private Property, New York, McMillan, 1.932, in, SILVA, André Luiz Carvalhal da – Governança Corporativa e Sucesso Empresarial – Melhores Práticas para Aumentar o Valor da Firma, Editora Saraiva, 2ª Edição.

BETTI, Emilio. Interpretação da lei e dos atos jurídicos: Teoria geral e dogmática. São Paulo: Martins Fontes, 2007.

BITTAR, Carlos Alberto – Interesses Difusos, São Paulo, Revista dos Tribunais, vol. 782.

BITTENCOURT, Sidney – Comentários à Lei Anticorrupção – Lei nº 12.846/2013, 2ª edição revista, atualizada e ampliada, Editora Revista dos Tribunais – RT – Thomson Reuters.

BLAINEY, Geoffrey – Uma breve história do século XX, Editora Fundamento, 2ª Edição revista e atualizada.

BOBBIO, Norberto. Teoria do ordenamento jurídico. 10. ed. Brasília: Editora Universidade de Brasília, 1999.

BORGES, Luiz Ferreira Xavier – Curso de Governança Corporativa, Programa de Aperfeiçoamento Profissional BNDES, 2008.

BOTELHO, José Francisco – A odisseia da Filosofia – uma breve história do pensamento ocidental, Editora Abril.

BRAGA, Gilberto – Apostila do Curso de Governança Corporativa e Responsabilidade Social do IBMEC, Editora Grupo Ibmec Educacional, 1ª Edição, 2.012, Rio de Janeiro.

BUENO, Cássio Scarpinella – Curso Sistematizado de Direito Processual Civil 2, São Paulo, Saraiva, 2007, Tomo I.

BUSTAMANTE, Thomas da Rosa de. Teoria do Precedente Judicial: a justificação e a aplicação de regras jurisprudenciais. São Paulo: Noeses, 2012.

CABRERA, Carlos Alarcón; VIGO, Rodolfo Luis (Coord.). Interpretación y argumentación jurídica: problemas y perspectivas actuales. Buenos Aires: Marcial Pons, 2011.

CADBURY COMMITTEE. The report of the committee on financial aspects of corporate governance. London. Cadbury Committee, Dez. 1992. Mimiografado, in ANDRADE, Adriana; ROSSETTI, José Paschoal – Governança Corporativa, 5ª edição, São Paulo, Editora Atlas, 2011.

Caldas Aulete – Dicionário Contemporâneo da Língua Portuguesa em 5 volumes, Editora Delta, 2ª edição brasileira, novamente revista, atualizada e aumentada pela introdução dos têrmos da tecnologia recente, pelo exaustivo registro dos vocábulos usados no Brasil e pela extensão dos apêndices por HAMILCAR DE GARCIA, volumes I, II, III, IV e V.

CALMON DE PASSOS, JJ – Mandado de Segurança Coletivo, Mandado de Injunção, Habeas Data, Rio de Janeiro, Forense, 1989.

CAMPILONGO, Celso Fernandes. Interpretação do Direito e Movimentos Sociais. Rio de Janeiro: Elsevier, 2012.

CAMPOS, Carlos Alexandre de Azevedo; CALIENDO, Paulo; CAVALCANTE, Denise Lucena – Leituras clássicas de Direito Tributário, Editora Jus Podivm, 1ª edição, 2019.

CAMPOS, Carlos Alexandre de Azevedo; OLIVEIRA, Gustavo da Gama Vital de; MACEDO, Marco Antonio Ferreira – Direitos Fundamentais e Estado Fiscal – Homenagem ao Professor Ricardo Lobo Torres, Editora Jus Podivm, 1ª edição, 2019.

CANARIS, Claus-Wilhelm – Pensamento Sistemático e Conceito de Sistema na Ciência do Direito, Lisboa, Editora da Fundação Calouste Gulbekian, tradução da 2ª edição alemã, 1996.

CANOTILHO, José Joaquim Gomes; MENDES, Gilmar Ferreira; SARLET, Ingo Wolfganf; STRECK, Lenio Luiz (coordenação científica); LEONCY, Léo Ferreira – Comentários à Constituição do Brasil, Editora Saraiva, Almedina, série IDP 1ª edição, ª tiragem.

CARRAZZA, Roque Antonio. Curso de Direito Constitucional Tributário. 30. ed. São Paulo: Malheiros, 2015.

CARVALHO, Aurora Tomazini de. Curso de Teoria Geral do Direito: o constructivismo lógico-semântico. São Paulo: Noeses, 2009.

CARVALHO, Paulo de Barros. Derivação e Positivação no Direito Tributário. Vol. I. Tema II: As Normas Interpretativas no Direito Tributário: análise do art. 3º da Lei Complementar nº 118/2005 e seus efeitos jurídicos.

_____. Direito Tributário. Linguagem e método, São Paulo, 5ª edição, Editora Noeses.

_____. Curso de Direito Tributário, Editora Saraiva, São Paulo, 22ª edição, 2.010.

_____. Curso de Direito Tributário – Fundamentos Jurídicos da Incidência, Editora Saraiva, 2ª edição, São Paulo.

CASTRO, Antônio de Barros; LESSA, Carlos Francisco – Introdução à Economia – uma abordagem estruturalista, Editora Forense Universitária, 36ª Edição, 1995, Rio de Janeiro.

CHAUI, Marilena - Espinoza, uma filosofia da liberdade, São Paulo, Editora Moderna, 1995.

COÊLHO, Sacha Calmon Navarro - Curso de Direito Tributário Brasileiro, Editora Gen/Forense, 16ª edição.

COMMONS, John - Industrial goodwill, Nova York, McGraw-Hill, 1919.

_____. Myself: the autobiography of John R. Commons, Madison, University of Winsconsin Press, 1963.

COMPARATO, Fábio Konder - Ética - Direito, Moral e Religião no mundo moderno, Editora Companhia das Letras, 2ª edição, 3ª reimpressão.

CONRADO, Paulo Cesar - Processo Cautelar e Procedimentos Especiais, 1ª Edição, Editora Fiuza - São Paulo - 1.998.

_____. Processo Tributário, 1ª Edição, Editora Quartier Latin - São Paulo - 2.004.

_____. Execução Fiscal, 1ª Edição, Editora Noeses - São Paulo - 2.014.

_____. (coordenador - autores variados) - Processo Tributário Analítico, 1ª Edição, Editora Dialética - São Paulo - 2.003.

CONTE, Carlos Brasílio - Pitágoras - Ciência e Magia na Grécia antiga, Editora Madras, 2.010.

COSTA, Regina Helena - Curso de Direito Tributário. Constituição e Código Tributário Nacional, 2ª edição, Editora Saraiva.

CROLY, Herbert - The promise of American life. Boston, Northeastern University Press, 1909.

DE PLÁCIDO E SILVA - Vocabulário jurídico, vigésima oitava edição de acordo com a nova reforma ortográfica da língua portuguesa, Editora Gem/Forense, atualizadores Nagib Slaibi Filho e Gláucia Carvalho.

DIDIER JR., Fredie - Eficácia do Novo CPC Antes do Término do Período de Vacância da Lei, Volume IV, Editora Jus Podivm. 2.022, 16ª edição.

DINAMARCO, Cândido Rangel, GRINOVER, Ada Pellegrini, MARIZ DE OLIVEIRA, Waldemar, & WATANABE, Kazuo - A tutela dos interesses difusos, São Paulo, Max Limonad, 1984.

DINAMARCO, Pedro da Silva. - Las Acciones coletivas pasivas em el Código Modelos de procesos colevtivos para Iberoamérica. In, La Tutela de los Derechos Difusos, Colectivos e Indivuduales homogêneos - hacia um Código Modelo para Iberoamérica (Antonio Gidi e Eduardo Ferrer Mac-Gregos - coordenadores), México, Porrúa, 2003.

DINIZ, Maria Helena - Código Civil anotado, Editora Saraiva, 15ª edição revista e atualizada.

_____. Manual de Direito Civil, Editora Saraiva, 2.011.

DINIZ DE SANTI, Eurico Marcos - Decadência e Prescrição no Direito Tributário (Prefácio de Paulo de Barros Carvalho), 2ª Edição revista e ampliada, Editora Max Limonad - São Paulo - 2.001.

_____. (coordenador - autores variados) - Curso de Especialização em Direito Tributário - Estudos Analíticos em Homenagem a Paulo de Barros Carvalho, 1ª Edição, Editora Forense - São Paulo - 2.004.

_____. DURKHEIM, Émile - Filosofia Moral, Editora Gen - Forense Universitária.

DWORKIN, Ronald - O império do direito, Editora Martins Fontes, 2ª Edição, 2ª Tiragem, São Paulo, 2010.

FERRAGUT, Maria Rita - Responsabilidade Tributária e o Código Civil de 2.002, Editora Noeses.

FERRAZ JUNIOR, Tércio Sampaio. Introdução do Estudo do Direito: técnica, decisão, dominação. São Paulo: Atlas, 2003.

FILHO, Cândido Ferreira da Silva Filho; BENEDICTO, Gideon Carvalho de; CALIL, José Francisco (Organizadores) - Ética, Responsabilidade Social e Governança Corporativa, Alínea Editora, 2ª edição revisada.

FILHO, Clóvis de Barros - Ética na comunicação, Summus Editorial, 4ª Edição.

FILHO, Clóvis de Barros; POMPEU, Júlio - A Filosofia explica grandes questões da humanidade, edição revista e ampliada, Casa do saber, Casa da Palavra.

FLUSSER, Vilém - Língua e Realidade, Editora Anna Blume, 3ª Edição.

FORD, Henry - Ford Motor Company. Forty years, 1903-1943, Detroit, Ford Motor Company, 1943.

FRANCO, Fábio Luis & MARTINS, Antonio Darienso - A Ação Civil Pública como instrumento de controle das Políticas Públicas, São Paulo, RT, 2006, Revista de Processo vol. 135.

FURTADO, Lucas Rocha - As raízes da corrupção no Brasil, Editora Fórum, Belo Horizonte, 2015.

FUX, Luiz; QUEIROZ, Luís César Souza de; ABRAHAM, Marcus - Tributação e justiça fiscal, GZ Editora.

GAMA, Tácio Lacerda. Sentido, Consistência Legitimação. In: Vilém Flusser e Juristas: comemoração dos 25 anos do grupo de estudos de Paulo de Barros Carvalho. São Paulo: Noeses, 2009.

_____. Competência Tributária - fundamentos para uma teoria da nulidade. 2. Ed. São Paulo: Noeses, 2011.

_____. Norma de competência e os atributos de unidade, coerência e consistência do Sistema Jurídico.

_____. Obrigação e Crédito Tributário: anotações à margem da teoria de Paulo de Barros Carvalho.

GASPARINI, Diogenes - Direito Administrativo, 17ª edição, Editora Saraiva.

GILLES DELEUZE- Spinoza et le problème de l'expression. Trans. "Expressionism in Philosophy, Spinoza".

GOLDBERG, Arthur - Growth of labor law in the United States, Washington, United States Deparment of Labor, US Bureau of Labor Standards, 1962.

GOMES JUNIOR, Luiz Manoel - Ação Popular - Aspectos Polêmicos, Rio de Janeiro, Forense, segunda edição, 2003.

GONTIJO, Conrado Almeida Corrêa - O crime de corrupção no setor privado, Editora LiberArs.

GRAVES, Ralph - The triumph of an idea. The story of Henry Ford; Nova York: Doubleday, Doran & Company, Inc., 1934.

GUASTINI, Riccardo. Distinguiendo: estúdios de teoria y metateoría del derecho. Barcelona: Gedisa, 1999.

_____. Distinguiendo. Estúdios de teoria y metateoría del derecho, Gedisa Editorial.

IBGC - Instituto Brasileiro de Governança Corporativa - Governança Corporativa, São Paulo, IBGC, 2003.

_____. Internacionalização e Convergência: Os novos rumos das práticas de governança, Saint Paulo Editora, São Paulo, 2015.

_____. Governança Corporativa em Empresas Familiares, Saint Paulo Editora, São Paulo, 2015.

_____. Governança Corporativa em Empresas de Controle Familiar, Saint Paulo Editora, São Paulo, 2015.

_____. Governança Corporativa: Estrutura de controles societários, Saint Paulo Editora, São Paulo, 2015.

HART, Hebert L. A. O conceito de direito. Lisboa: Fundação Calouste Gulbenkian, 2001.

HESSEN, Johannes – Filosofia dos valores, Coimbra, Editora Almedina.

GUIBOURG, Ricardo A.; GHIGLIANI, Alejandro M. e GUARINONI, Ricardo V. Introducción al Conocimiento Científico.

JARDIM, Eduardo Marcial Ferreira – Compendium de Direito Tributário, Editora Mackenzie, São Paulo, 2.018.

_____. Manual de Direito Financeiro e Tributário, Editora Saraiva, 12ª edição.

_____. Dicionário de Direito Tributário, Editora Noeses, 2.011.

JOHNSON, Paul M. – A history of the American people, Editora Harper, Perennial, 1999.

JUNIOR, Odir Zuge – Considerações sobre a possibilidade do ensino reflexível do Direito Comercial e Empresarial (Artigo), in Revista e Sociedade, Editora Fundação Padre Albino, volume II, tomo I, São Paulo, 2007.

JUNIOR, Tércio Sampaio Ferraz – Teoria da Norma Jurídica – Ensaio de Pragmática da Comunicação Normativa, Editora Atlas, Gen. 5ª Edição.

JUREIDINI DIAS, KAREM. VIII Congresso Nacional de Estudos Tributários – Derivação e Positivação no Direito Tributário. O Controle de legalidade dos lançamentos que requalificam fatos. 1ed.São Paulo: Noeses, 2011.

JUST, Gustavo. Interpréter les théories de l'interprétation. Paris: L´Harmattan, 2005.

KENSEN, Hans – Teoria Pura do Direito, 7ª edição – São Paulo – Editora Martins Fontes, 2.006.

_____. Teoria geral do direito e do Estado, Editora Martins Fontes, São Paulo.

KIRK, G.S.; RAVEN, J.S. – The Presocratic Philosophers, Cambridge University Press, 1977.

KIRSH, Benjamin e SHAPIRO, Harold – The National Industrial Recovery Act, An analysis, Nova York, Central Book Company, 1933.

LAPATZA, José Juan Ferreiro – Direito Tributário – teoria geral do tributo, Editora Marcial Pons, 2.006.

LELLO UNIVERSAL em 4 Volumes – Novo diccionário encyclopédico Luso-Brasileiro organizado publicado pela LIVRARIA LELLO, sob a direção de João Grave (Academia de Sciências de Lisboa) e Coelho Netto (Academia Brasileira de Letras), Volumes I, II, III e IV, Porto.

LIMA, Alceu Amoroso – A realidade americana, Rio de Janeiro, Livraria Agir Editora, 1954.

LIMONCIC, Flávio – Os inventores do New Deal, Estado e sindicatos no combate à Grande Depressão, Rio de Janeiro, Civilização Brasileira, 2009.

LIVIANU, Roberto – Corrupção, versão revista e ampliada Editora Quartier Latin.

LLOYD, Genevieve – Spinoza and the Ethics, Editora Routledge.

LYND, Robert e LYND, Helen – Middletown, A study in contemporary American culture, Nova York: Harcourt, Brace & World, 1929.

MACEDO JR., Ronaldo Porto; BARBIERI, Catarina Helena Cortada. Direito e interpretação: Racionalidades e instituições. São Paulo: Editora Saraiva, 2011.

MACHADO, Hugo de Brito – Curso de Direito Tributário, 22ª Edição (revista, atualizada e ampliada), Editora Malheiros – Fortaleza – 2.003.

McNAUGHTON, Charles William – Elisão e norma antielisiva – completabilidade e Sistema Tributário, Editora Noeses, 2.014.

MAIOR BORGES, José Souto – Obrigação Tributária (uma introdução metodológica), 2ª Edição, Editora Malheiros.

MANKIW, N. Gregory – Introdução à Economia: Princípios de Micro e Macroeconomia, Editora Elsevier, tradução da 2ª edição americana, Harvard University.

MANOÏLESCO, Mihail – O século do corporativsmo, Rio de Janeiro, José Olympio Editora, 1939.

MARTINS, Ives Gandra da Silva (coordenador) – Comentários ao Código Tributário Nacional, volumes 1 e 2, Editora Saraiva, São Paulo, 1.998.

MAXIMILIANO, Carlos – Hermenêutica e Aplicação do Direito, 6ª edição, São Paulo, Editora Freitas Bastos, 1957.

MEIRELLES, Hely Lopes – Direito Administrativo brasileiro, 40ª edição, atualizada até a Emenda Constitucional 76, de 28.11.2013, Editora Malheiros.

MELLO, Celso Antônio Bandeira de – Curso de Direito Administrativo, 31ª edição, revista e atualizada até a Emenda Constitucional 76, de 28.11.2013, Editora Malheiros.

MELLO, Marcos Bernardes de – Teoria do fato jurídico – Plano da validade, Editora Saraiva, 6ª edição.

MICHELON, Claudio. Princípios e Coerência na Argumentação Jurídica. In Direito e Interpretação. Org. Ronaldo Porto Macedo Jr. e Catarina Helena Cortada Barbieri. São Paulo: Saraiva, 2011.

MONKS, A. G. Robert; Minow, Nell – Corporate Governance, 3ª edição, Oxford, Editora Blackwell, 2004.

MONTESQUEU, Charles-Louis de Secondat – Barão de La Brède – Barão de Montesquieu – Do Espírito das Leis, Editora Martin Claret, Série Ouro, edição 2.003.

MORAES, Carlos Eduardo Guerra de, RIBEIRO, Ricardo Lodi (coordenadores, QUEIROZ, Luís Cesar Souza de, GOMES, Marcus Lívio (organizadores) – Finanças Públicas, tributação e desenvolvimento, Livro em homenagem aos 80 anos da Faculdade de Direito da UERJ – Freitas Bastos Editora.

MOREIRA, André Mendes; QUEIROZ, Arthur Maia – Aspectos controvertidos da incidência de contribuições previdenciárias sobre a produção rural, in Estudos tributários e aduaneiros do IV seminário do CARF, Editora FGV.

NAVARRO COELHO, Sacha Calmon – Curso de Direito Tributário Brasileiro, 6ª Edição, Editora Forense – Rio de Janeiro – 2.002.

NASCIMENTO, Carlos Valder do (coordenação) – Comentários ao Código Tributário Nacional, 5ª edição, Editora Forense.

NEVES, Marcelo – Teoria da inconstitucionalidade das leis, Editora Saraiva, São Paulo.

NETO, Alexandre Assaf; LIMA, Fabiano Guasti – Fundamentos de administração financeira, Editora Atlas, São Paulo.

NOELLE-NEUMANN, Elisabeth – La Espiral del Silencio – Opinión pública: nuestra piel social, Editora Paidós, Barcelona.

NOGUEIRA, Octaciano – Vocabulário da Política, Editora do Senado Federal, Brasília, 2.015.

NOVO DICIONÁRIO DE ECONOMIA, Organização e Supervisão de Paulo Sandroni, Editora Best Seller, 7ª Edição, 1.994, São Paulo.

OLIVEIRA, Regis Fernandes de – Curso de Direito Financeiro – 5ª edição, São Paulo, Editora Revistas dos Tribunais.

OLIVEIRA, Regis Fernandes de, HORVATH, Estevão – Manual de Direito Financeiro, 6ª edição Editora Revistas dos Tribunais.

OSBORNE, Catherine - Filosofia pré-socrática, Editora L&PM.

PEIXOTO, Daniel Monteiro - Responsabilidade tributária e os atos de formação, administração, reorganização e dissolução de sociedades, Editora Saraiva, São Paulo.

PEIRCE, Charles Sanders - Semiótica, Editora Perspectiva, 4ª edição, 2ª reimpressão, 2010.

PIRES, Adilson Rodrigues e TÔRRES, Heleno Taveira - Princípios de Direito Financeiro e Tributário - Estudos em Homenagem ao Professor Ricardo Lobo Torres, Editora Renovar, 2006.

PISCITELLI, Tathiane dos Santos. Os Limites à Interpretação das Normas Tributárias. São Paulo: Quartier Latin, 2007.

PORTO, Éderson Garin - Compliance & Governança Corporativa. Uma abordagem prática e objetiva, Porto Alegre, 2.020, Editora Lawboratory.

PLATÃO - Os pensadores - vida e obra (traduzida), Editora Nova Cultural, 1.999.

_____. Apologia de Sócrates, Editora L&PM.

PONTES DE MIRANDA, Francisco Cavalcanti - Comentários à Constituição de 1946, 2ª ed., vol. IV.

PRADO JÚNIOR, Caio - O que é Filosofia, Editora Brasiliense.

PURVIS, Thomas L. - A dictionary of American history, Editora Blackwell Publishers, 1997.

QUEIROZ, Luís Cesar Souza de - Interpretação e aplicação tributárias: contribuições da hermenêutica e de Teorias da Argumentação, GZ Editora, Rio de Janeiro, 2.021.

_____. Sujeição passiva tributária, 3ª edição revista e ampliada, GZ Editora.

_____. Imposto sobre a Renda - Requisitos para uma tributação constitucional, GZ Editora.

_____. Devolução de bens ao sócio pessoa física em redução de capital para fins de alienação - a fronteira entre elisão e a evasão, in Estudos tributários e aduaneiros do IV seminário do CARF, Editora FGV.

QUEIROZ, Luís César Souza de; OLIVEIRA, Gustavo da Gama Vital de - Tributação constitucional, justiça fiscal e segurança jurídica (coordenadores), GZ Editora.

QUEIROZ, Luís César Souza de; GOMES, Marcus Lívio – Tributação, direitos fundamentais e desenvolvimento (coordenadores), GZ Editora.

QUEIROZ, Luís César Souza de; PAULA, Daniel Giotti de (organizadores) – 30 anos da constituição brasileira – estudos sobre tributação e finanças públicas – em memória re Ricardo Lobo Torres e Flávio Bouer Novelli, Editora Ágora 21.

QUEIROZ, Lívia da Silva – A colaboração premiada e a tributação de valores oriundos de atividades ilícitas, in Estudos tributários e aduaneiros do IV seminário do CARF, Editora FGV.

REALE, Miguel – Introdução à Filosofia, São Paulo, Editora Saraiva, 3ª edição, 1994.

RIBEIRO, Ricardo Lodi; SANTIAGO, Julio Cesar; CORRÊA, Vanessa Benelli (coordenadores) – Revista de Finanças Públicas, Tributação e Desenvolvimento – RFPTD, UERJ, ano 2019.

RIBEIRO, Ricardo Lodi, CÔRREA, Vanessa Benelli – Tributação de valores recebidos ilicitamente no contexto da colaboração premiada – in Estudos tributários e aduaneiros do IV seminário do CARF, Editora FGV.

ROBLES, Gregório – O direito como texto: quarto estudo de teoria comunicacional do direito, Editora Manole.

ROCHA, Roberval – Código Tributário Nacional – Doutrina e jurisprudência, Editora Jus Podium.

ROCHA, Sergio André. Política fiscal internacional brasileira. Rio de Janeiro: Lumen Juris, 2017.

ROCHA, Sérgio André; SOARES, Romero Lobão – Dedutibilidade de pagamentos de royalties para o exterior pelo direito de distribuição/comercialização de software, in Estudos tributários e aduaneiros do IV seminário do CARF, Editora FGV.

RODRIGUES, Silvio – Direito Civil – Parte Geral das Obrigações, volume 2, Editora Saraiva, 1.997.

ROSA, Íris Vânia Santos – A penhora na execução fiscal – penhora "on line" e o princípio da menor onerosidade, São Paulo, Editora Noeses.

ROSEMBERG, Hilary – Mudando de Lado – A luta de Robert A. G. Monks pela Governança Corporativa nos EUA, Rio de Janeiro, Editora Campus.

SANTI, Eurico Marcos Diniz – Curso de Especialização em Direito Tributário – Estudos analíticos em homenagem a Paulo de Barros Carvalho (Coordenador – Eurico Marcos Diniz de Santi), Editora Forense, 2.004.

SGARBI, Adrian. Clássicos de Teoria do Direito: John Austin, Hans Kelsen, Alf Ross, Herbert L.A. Hart, Ronald Dworkin, John Mitchell Finnis. 2ª ed. Rio de Janeiro: Lumen Juris, 2009.

SILVA, Cesar Roberto Leite da; LUIZ, Sinclayr – Economia e Mercados: Introdução à Economia, Editora Saraiva, 19ª Edição revista e atualizada.

SILVA, André Luiz Carvalhal da – Governança Corporativa e Sucesso Empresarial – Melhores Práticas para Aumentar o Valor da Firma, Editora Saraiva, 2ª Edição.

SILVA, Alexandre Alberto Teodoro da – A desconsideração da personalidade jurídica no Direito Tributário – Editora Quartier Latin.

SILVA, José Afonso da – Comentário contextual à Constituição, 8ª edição atualizada até a Emenda Constitucional 70, de 22.12.2011, Editora Malheiros.

SILVEIRA, Alexandre Di Marceli da – Governança Corporativa no Brasil e no mundo: teoria e prática, Editora Campus – Elsevier.]

SILVERBERG, Louis (organizador) – The Wagner Act: after ten years, Washington: The Bureau of National Affairs, Inc., 1945.

SIMANTOB, Andréa Duek – As subvenções para investimento e os reflexos tributários no julgamento de processos administrativos, em face das modificações introduzidas pela edição da Lei Complementar nº 160/2017, in Estudos tributários e aduaneiros do IV seminário do CARF, Editora FGV.

SINGER, Paul – Aprender Economia, Editora Brasiliense, 15ª Reimpressão, 1996, São Paulo.

SOARES DE MELO, José Eduardo – Curso De Direito Tributário, 3ª Edição, Editora Dialética – São Paulo – 2.002.

SOUSA, Rubens Gomes de. Normas de Interpretação no Código Tributário Nacional. In Interpretação no Direito Tributário. São Paulo: Saraiva, EDUC, 1975.

_____. Compêndio de legislação tributária, Editora Financeiras, 3ª Edição, Rio de Janeiro, 1.960.

SPINOZA, Bento (Benedicto; Baruch) – Ética, Editora Autêntica, 3ª Edição.

TOMÉ, Fabiana Del Padre. Conceitos polêmicos no âmbito do planejamento tributário: propósito negocial, abuso de direito, abuso de forma e negócio jurídico indireto. Revista de Direito Tributário, v. 123, p. 189-194, 2015.

TORRES, Heleno Taveira. Elusão e planejamento tributário: a teoria da causa do negócio jurídico como limite de controle fiscal. In: XXIV Jornadas Latioamericanas de Derecho Tributário, 2008, Isla Margarita. Venezuela. Memoriais. Caracas – Venezuela: AVDT-ILADT, 2008.

TÔRRES, Heleno. Pluritributação internacional sobre as rendas de empresas. 2. ed. rev., atual. e ampl. São Paulo: Revista dos Tribunais, 2001.

TORRES, Ricardo Lobo. Normas de Interpretação e Integração do Direito Tributário. 4. ed. São Paulo: Renovar, 2006.

VIGO, Rodolfo Luis. Interpretação Jurídica: do modelo juspositivista-legalista do século XIX às nossas perspectivas. 2. ed. rev. São Paulo: RT, 2011.

VILANOVA, Lourival. Causalidade e Relação no Direito. 5. ed. São Paulo: Noeses, 2015.

Sítios da internet

http://www.fazenda.mg.gov.br/governo/assuntos_municipais/repasse_receita/informacoes/fpe.html

http://www.quantocustaobrasil.com.br/artigos/sonegacao-no-brasiluma-estimativa-do-desvio-da-arrecadacao-do-exercicio-de-2018

https://archive.doingbusiness.org/pt/reports/global-reports/doing-business-2018

https://skat.dk/data.aspx?oid=2175510

https://www.parlamento.pt/parlamento/documents/crp1976.pdf – Constituição Portuguesa

http://www.planalto.gov.br/ccivil_03/constituicao/constituicao.htm

http://www.planalto.gov.br/ccivil_03/Leis/L5172.htm

http://www.planalto.gov.br/ccivil_03/Leis/2002/L10406.htm